中经金课会计专业精品课程

新时代高等教育创新型教材

财务大数据分析
（Python 版）

Financial Big Data Analysis
(Python Version)

主　编　姜振兵　丁丽萍　方佳彧
副主编　宁舞虹　潘慧文　诸美仙

中国经济出版社
CHINA ECONOMIC PUBLISHING HOUSE

图书在版编目（CIP）数据

财务大数据分析：Python版/姜振兵，丁丽萍，方佳彧主编. -- 北京：中国经济出版社，2024.4
中经金课会计专业精品课程
ISBN 978-7-5136-7289-4

Ⅰ.①财⋯　Ⅱ.①姜⋯ ②丁⋯ ③方⋯　Ⅲ.①财务管理—数据处理—高等职业教育—教材　Ⅳ.①F275

中国国家版本馆CIP数据核字（2024）第008655号

选题策划	雷　生
责任编辑	彭　欣
责任印制	马小宾
封面设计	牧野春晖

出版发行	中国经济出版社
印 刷 者	北京富泰印刷有限责任公司
经 销 者	各地新华书店
开　　本	889 mm×1194 mm　　1/16
印　　张	11.25
字　　数	317千字
版　　次	2024年4月第1版
印　　次	2024年4月第1次
定　　价	59.00元

广告经营许可证　京西工商广字第8179号

中国经济出版社　网址 www.economyph.con　社址 北京市东城区安定门外大街58号　邮编 100011
本版图书如存在印装质量问题，请与本社销售中心联系调换（联系电话：010-57512564）

版权所有　盗版必究（举报电话：010-57512600）
国家版权局反盗版举报中心（举报电话：12390）　服务热线：010 57512564

前言 PREFACE

大数据被誉为21世纪的黄金和石油,当今社会"数据为王",谁掌握了数据谁就掌握了未来发展主动权。同样,在数字经济时代,数据无疑已然成为企业重要资产。当今时代,数字经济引领全球经济社会变革,推动我国经济高质量发展,随着企业与外界交互愈加紧密以及企业内部信息化、数字化建设的推进,财务部门进一步拓展数据获取的广度和深度,形成会计大数据,并基于观察及分析数据的方式,以全新模式作用在创造企业价值和创新管理模式上。2021年,教育部颁布《职业教育专业目录(2021年)》,对财务会计类专业进行了全面更名,这标志着财务会计类专业的升级与数字化改造势在必行,为了匹配未来市场需求,会计课程亟待改革。在此背景下,财务会计类专业学生不仅需要具备财务专业知识,同时也需要掌握大数据分析与处理技术,能够将大数据加工技术应用融入日常工作中,掌握数据收集、数据保存、数据加工、数据统计、数据分析等能力,提升工作效率和成果。

伴随着人工智能的兴起与快速发展,Python 语言日益受到了广泛的关注,且具有广泛的生态系统。Python 语言是一种面向互联网和大数据的程序开发语言,具有较多的编程特征,内部具有完善的数据结构,在大数据挖掘方面具有不可比拟的优势。正是因为 Python 技术的出现,企业财务数据管理工作变得更加高效,为促进企业的可持续发展贡献了较大的力量。本书以工作任务为导向,以财务应用场景为主线,将 Python 语言作为财务数据处理与分析的工具,由浅入深地讲解 Python 财务应用基础、Python 财务数据分析及 Python 财务数据综合应用。旨在培养学生利用 Python 语言进行财务数据核算与分析的能力,培养学生的大数据思维。本书将 Python 语言与财务会计相结合,可以实现更高效、更准确、更自动化的财务决策和分析,让学生更能适应财务大数据信息化教育。具体特点如下:

(1)数据分析与处理:Python 具有丰富的数据分析和处理库,如 Pandas、Numpy、SciPy 等,可以轻松地读取和处理各种数据,包括财务数据。这些库可以帮助分析账户余额、现金流、交易历史记录等数据,增强使用者的洞察力,帮助做出更明智的财务决策。

（2）自动化：Python 可以用于自动化各种财务任务，如自动化报告生成、财务分析、数据导入和清理等。通过编写 Python 脚本可以使这些任务自动化，这可以减少错误和节省时间。

（3）风险分析：Python 可以用于风险分析，这在财务领域尤其重要。通过使用 Python 进行风险分析，可以预测和管理风险，为投资和其他决策提供支持。

（4）数据可视化：Python 也可以用于数据可视化，例如使用 Matplotlib 和 Seaborn 等库可以制作出漂亮的可视化图表，帮助理解和传达财务数据。

（5）交易策略开发：Python 可以用于开发交易策略，例如使用 Pandas 库进行技术指标计算，使用 Backtrader 库进行交易策略回测等。通过 Python 可以更容易地开发和测试交易策略，以提高交易决策的质量。

编　者

目录 CONTENTS

第一章　认知大数据及 Python 基础 ·········· 001
　第一节　大数据的基本概念 ·········· 001
　第二节　初识 Python ·········· 003
　第三节　Python 变量及基本数据类型 ·········· 015

第二章　Python 应用之往来信息管理 ·········· 049
　第一节　往来员工信息管理 ·········· 049
　第二节　往来客户信息管理 ·········· 055

第三章　Python 运算符及常用语句 ·········· 066
　第一节　运算符 ·········· 066
　第二节　input 输入语句 ·········· 072
　第三节　print 输出语句 ·········· 075
　第四节　条件判断语句 ·········· 077
　第五节　循环语句 ·········· 081

第四章　Python 应用之员工薪资计算 ·········· 090
　第一节　计算员工薪酬 ·········· 092
　第二节　计算个人所得税 ·········· 093
　第三节　计算员工福利 ·········· 094

第五章　Python 函数和类 ·········· 097
　第一节　Python 的函数 ·········· 097
　第二节　Python 的类 ·········· 107

第六章　Python 应用之银行理财收益计算 ·········· 118
　第一节　计算理财利息 ·········· 118
　第二节　计算理财投资额 ·········· 119

第七章　Python 异常处理和文件操作 ·········· 123
　第一节　Python 的异常处理 ·········· 123
　第二节　Python 的编码和对文件及文件夹的操作 ·········· 125

第八章　Python 模块、包和库 ……………………………………………… 132

第九章　Pandas 库和 Matplotlib 库入门 …………………………………… 142
　　第一节　Pandas 库入门 …………………………………………………… 142
　　第二节　Matplotlib 库入门 ……………………………………………… 152

第十章　Python 应用之 CSV 数据处理 …………………………………… 161
　　第一节　CSV 文件数据处理 ……………………………………………… 161
　　第二节　数据可视化 ……………………………………………………… 167

参考文献 ……………………………………………………………………… 174

第一章 认知大数据及 Python 基础

CHAPTER 1

学习目标

○ 了解大数据的基本概念。
○ 了解 Python 及其发展史。
○ 了解 Python 语言特点。
○ 了解 Python 基本语法。

第一节 大数据的基本概念

一、大数据简史

最早提出"大数据"时代到来的是全球知名咨询公司麦肯锡，麦肯锡称："数据，已经渗透到当今每一个行业和业务职能领域，成为重要的生产因素。人们对于海量数据的挖掘和运用，预示着新一波生产率增长和消费者盈余浪潮的到来。"随着计算机技术的不断发展，大数据在物理学、生物学、环境生态学等领域以及军事、金融、通信等行业的影响力不断扩大。

进入 2012 年，大数据（Big Data）一词越来越多地被提及，人们用它来描述和定义信息爆炸时代产生的海量数据，并命名与之相关的技术发展与创新。2017 年 3 月 5 日，时任国务院总理李克强在《政府工作报告》中指出，2017 年工作的重点任务之一是加快培育新兴产业，促进数字经济加快成长，让企业广泛受益、群众普遍受惠。这是"数字经济"首次被写入《政府工作报告》。

现阶段，数字化的技术、商品与服务不仅在向传统产业多方向、多层面与多链条加速渗透，即产业数字化，而且推动诸如互联网数据中心（Internet Data Center，IDC）建设与服务等数字产业链和产业集群不断发展壮大，即数字产业化。中国重点推进建设的 5G 网络、数据中心、工业互联网等新型基础设施，本质上就是围绕科技新产业的数字经济基础设施，数字经济已成为驱动中国经济实现又好又快增长的新引擎，数字经济所催生出的各种新业态，也将成为中国经济新的重要增长点。而大数据已成为数字经济这种全新经济形态的关键生产要素，通过数据资源的有效利用以及开放的数据生态体系使得数字价值充分释放，驱动传统产业的数字化转型升级和新业态的培育发展，提高传统产业劳动生产率，培育新市场和产业新增长点，促进数字经济持续发展创新。

此外，根据美国管理会计师协会（The Institute of Management Accountants，IMA）的一份报告，诸如数据分析、人工智能、机器学习、区块链和机器人流程自动化等技术将在未来的会计行业中发挥更大的作用。该报告表明，越来越多的财务和会计专业人士在工作中运用大数据进行分析，并且这一趋势会越来越明显。IMA对其成员进行调查并形成报告，这次调查共收到了首席财务官（CFO）和其他管理会计师的170份回复。报告称，希望成为数据驱动型组织的组织必须具备四个关键要素：精通数据的人员、高质量数据、最新技术和支持性组织文化。大数据分析在多方面影响着会计行业，包括业务预测导向及财务报表编写和审计。

二、大数据的本质

（一）大数据的定义

麦肯锡全球研究所给出的定义是：大数据是一种规模大到在获取、存储、管理、分析方面大大超出了传统数据库软件工具能力范围的数据集合，具有海量的数据规模、快速的数据流转、多样的数据类型和价值密度低四大特征。

《国务院关于印发促进大数据发展行动纲要的通知》给出的定义是：大数据是以容量大、类型多、存取速度快、应用价值高为主要特征的数据集合，正快速发展为对数量巨大、来源分散、格式多样的数据进行采集、存储和关联分析，从中发现新知识、创造新价值、提升新能力的新一代信息技术和服务业态。

（二）大数据的特征（4V属性）

1．数据量大（Volume）

第一个特征是数据量大。大数据的起始计量单位至少是P（1000个T）、E（100万个T）或Z（10亿个T）。

2．类型繁多（Variety）

第二个特征是数据类型繁多。包括数据表、数据库、网络日志、音频、视频、图片、地理位置信息等，多类型的数据对数据的处理能力提出了更高的要求。

3．价值密度低（Value）

第三个特征是数据价值密度相对较低。随着物联网的广泛应用，信息感知无处不在，信息海量但价值密度较低，如何通过强大的机器算法更迅速地完成数据的价值"提纯"，是大数据时代亟待解决的难题。

4．速度快、时效高（Velocity）

第四个特征是处理速度快，时效性要求高。这是大数据区分于传统数据挖掘最显著的特征。

大数据的特征见表1-1。

表1-1 大数据的特征

特征	ZB（中文名：泽字节，代表十万亿亿字节）描述
数据量大（Volume）	2018年全球新产生的数据量为33ZB，中国产生7.6ZB，美国产生6.9ZB，超过人类有史以来所有印刷材料数据总量
数据类型多（Variety）	结构化数据、半结构化数据、非结构化数据
数据价值密度低（Value）	价值需要深度挖掘，原数据本身价值低
数据时效性强（Velocity）	大数据往往以数据流的形式动态、快速地产生，具有很强的时效性

三、大数据分类

从数据类型来看，大数据可以分为三类：结构化数据、半结构化数据和非结构化数据（见表1-2）。

(一)结构化数据

结构化数据也称作行数据,是由二维表结构来逻辑表达和实现的数据,严格地遵循数据格式与长度规范,主要通过关系型数据库进行存储和管理。简单来说就是数据库,结合到典型场景中更容易理解,比如企业 ERP、财务系统;医疗 HIS 数据库;教育一卡通;政府行政审批;其他核心数据库等。

(二)半结构化数据

和普通纯文本相比,半结构化数据具有一定的结构性,但它并不符合关系型数据库或以其他数据表的形式关联起来的数据模型结构。

半结构化数据属于同一类实体,可以有不同的属性,如果它们被组合在一起,这些属性的顺序并不重要。常见的半结构化数据有 XML、HTML 和 JSON。

(三)非结构化数据

非结构化数据是数据结构不规则或不完整,没有预定义的数据模型,不方便用数据库二维逻辑表来表现的数据。包括所有格式的文本、图片、音频、视频信息等。

非结构化数据格式多样,标准多样,而且在技术上非结构化信息比结构化信息更难标准化和理解。所以其存储、检索、发布以及利用需要更加智能化的 IT 技术,比如海量存储、智能检索、知识挖掘、内容保护、信息的增值开发利用等。

表 1-2 大数据的类型

数据类型	表现形式	典型场景
结构化数据	数据库表等	企业 ERP、财务、HR 数据库等
半结构化数据	邮件、HTML、报表等	邮件系统、网页信息、报表系统等
非结构化数据	文本、图片、视频、音频等	在线视频内容、音频内容、图形图像等

第二节 初识 Python

一、Python 简介

(一)Python 的起源与发展

1. Python 语言的起源

Python 的创始人为吉多·范罗苏姆(Gudio van Rossum)。

1)1989 年的圣诞节期间,吉多·范罗苏姆为了在阿姆斯特丹打发无聊的圣诞节假期,决定开发一个新的解释程序,作为 ABC 语言的一种继承。

2)ABC 是由吉多参与设计的一种教学语言,就吉多本人看来,ABC 这种语言非常优美和强大,是专门为非专业程序员设计的。但是 ABC 语言并没有成功,究其原因,吉多认为是非开放造成的。吉多决心在 Python 中避免这一错误,并获取了非常好的效果。

3)之所以选中 Python(蟒蛇)作为程序的名字,是因为他是 BBC 电视剧《蒙提·派森的飞行马戏团》(*Monty Python's Flying Circus*)的爱好者。

4)1991 年,第一个 Python 解释器诞生,它是用 C 语言实现的,并能够调用 C 语言的库文件。

2. Python 语言的发展

Python 从诞生一直更新到现在，经历了多个版本。截至目前，官网仍然保留的版本主要是 Python2.x 和 Python3.x 系列，Python2.7 是 Python 2.x 系列的最后一个版本，已经停止开发。吉多·范罗苏姆决定清理 Python2.x 系列，并将所有最新标准库的更新改进体现在 Python3.x 系列中。Python3.x 系列的一个最大改变就是使用 UTF-8 作为默认编码，从此，在 Python3.x 系列中就可以直接编写中文程序。

另外，Python3.x 系列比 Python2.x 系列更规范统一，去掉了某些不必要的关键字与语句。由于 Python3.x 系列支持的库越来越多，开源项目支持 Python3.x 的比例已大大提高。鉴于以上理由，各位同学可直接学习 Python3.x 系列。

（二）Python 编程语言的特点

1. Python 语言的优点

1）简单。Python 是一种代表简单主义思想的语言，阅读一段 Python 程序就像在阅读一篇文章，这使开发者能够专注于解决问题而不是去搞明白语言本身。

2）易学。Python 有极其简单的语法，开发同样的功能，使用其他语言可能需要上百行代码，而 Python 只需几十行代码就可以轻松搞定。

3）免费、开源。Python 是 FLOSS（自由/开放源码软件）之一，使用者可以自由地发布这个软件的拷贝、阅读它的源代码并对其进行修改，这也是 Python 的优点之一。

4）可移植性。由于其开源本质，Python 已经被移植在许多平台上，例如 Linux、Windows、FreeBSD、Macintosh、Solaris、OS/2、Amiga、AROS、AS/400、BeOS、OS/390、z/OS、Palm OS、QNX、VMS、Psion、Acom RISC OS、VxWorks、PlayStation、Sharp Zaurus、Windows CE 等。

5）解释性。C/C++ 语言在执行时需要经过编译，生成机器码后才能执行。Python 是直接由解释器执行，不再需要担心如何编译程序、如何确保连接转载正确的库等，这使得 Python 的使用更加简单。

6）面向对象。Python 从设计之初就是一门面向对象的语言。在面向过程的语言中，程序是由过程或仅仅是可重用代码的函数构建起来的。在面向对象的语言中，程序是由数据和功能组合而成的对象构建起来的。

7）可扩展性。Python 程序员可以快速使用 Python 写 .py 文件作为拓展模块。但当性能是考虑的重要因素时，Python 程序员可以深入底层，写 C 程序，编译为 .so 文件引入 Python 中使用，可扩展性强。

8）可嵌入性。用户可以把 Python 嵌入到 C/C++ 程序，从而向程序提供脚本功能。

9）丰富的库。Python 提供丰富的标准库，包括正则表达式、文档生成、单元测试、线程、数据库、网页浏览器、CGI、FTP、电子邮件、XML、XML-RPC、HTML、WAV 文件、密码系统、GUI、Tk 以及其他与系统相关的丰富的库，程序员可以直接调用。

2. Python 语言的缺点

1）翻译耗时。Python 是解释型语言，代码执行时会一行一行地翻译成 CPU 能理解的机器码，当代码非常庞大时，翻译过程非常耗时。

2）不能加密。Python 程序是源代码，不能加密，而 C 语言不用发布源代码，只需把编译后的机器码发布出去。

（三）Python 之应用领域

1. Web 开发

Python 语言支持 Web 网站开发，比较流行的开发框架有 Flask、Django 等。许多大型网站就是用 Python 开发的，例如 YouTube、Google、金山在线、豆瓣等。

2. 网络爬虫

Python 语言提供了大量网络模块用于对网页内容进行读取和处理，如 urllib、cookielib、httplib、scrapy 等。同时，这些模块结合多线程编程以及其他有关模块可以快速开发网页爬虫之类的应用程序。

3. 科学计算与数据可视化

Python 语言提供了大量模块用于科学计算与数据可视化，如 NumPy、SciPy、SymPy、Matplotlib、Traits、TraitsUI、Chaco、TVTK、Mayavi、VPython、OpenCV 等，这些模块涉及的应用领域包括数值计算、符号计算、二维图表、三维数据可视化、三维动画演示、图像处理以及界面设计等。

此外，Python 语言在系统编程、GUI 编程、数据库应用、游戏、图像处理、人工智能等领域被广泛应用。

二、Python 代码初体验

（一）Python 代码编辑器

Python 是一门跨平台的脚本语言，规定了一个 Python 语法规则，需要通过 Python 代码编辑器来实现 Python 语法的解释及代码运行。

最常用的编辑器是 Anaconda。其优势主要体现在：Anaconda 附带了许多常用数据科学包，所以安装之后同学们在入门阶段不用太多地担心第三方数据库的安装；此外，Anaconda 可用于多个系统（Windows、macOS 和 Linux），并且 Anaconda 中带的 Jupyter Notebook 非常适合新手用来练习编程，它可以边输入代码边看输出，并且支持多种编程语言，还可以把自己写的代码分享给其他人。

我们在本次的课程中，使用新道科技自主研发的国产 Python 代码编辑器，可以省去下载安装、运行环境部署的复杂过程，并且不受版权限制，通过课程平台即可一键调用，简单方便（见图 1-1）。

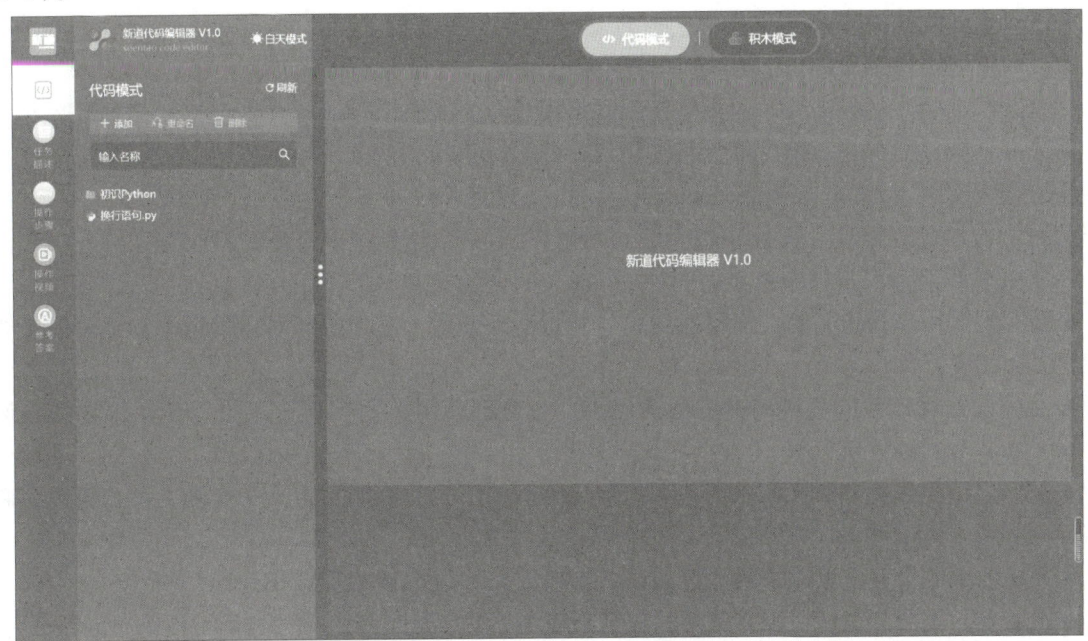

图 1-1　新道代码编辑器界面

（二）Python 基本语法

1. 标识符

简单地理解，标识符就是一个名字，就好像我们每个人都有属于自己的名字，它的主要作用就是作为变量、函数、类、模块以及其他对象的名称。Python 中标识符的命名不是随意的，而是要遵守一定的命令规则，比如：

1）标识符由字符（A～Z 和 a～z）、下划线和数字组成，但第一个字符不能是数字。

2）标识符不能和 Python 中的保留字相同。有关保留字，后续会详细介绍。

3）Python 中的标识符中，不能包含空格、@、% 以及 $ 等特殊字符。例如，图 1-2 所列举的标识符中，左边是合法的，右边是不合法的：

```
UserID      4word       #不能以数字开头
name        try         #try是保留字，不能作为标识符
mode12      $money      #不能包含特殊字符
user_age    ab c        #不能含空格
```

图 1-2　标识符举例

4）在 Python 中，标识符中的字母是严格区分大小写的，也就是说，两个同样的单词，如果大小写格式不一样，代表的意义也是完全不同的。比如，下面这 3 个变量就是完全独立、毫无关系的：

```
number = 0
Number = 0
NUMBER = 0
```

5）Python 语言中，以下划线开头的标识符有特殊含义，例如：

- 以单下划线开头的标识符（如 _width），表示不能直接访问的类属性，其无法通过 from...import* 的方式导入。
- 以双下划线开头的标识符（如 __add）表示类的私有成员。
- 以双下划线作为开头和结尾的标识符（如 __init__），是专用标识符。

因此，除非特定场景需要，应避免使用以下划线开头的标识符。

另外，需要注意的是，Python 允许使用汉字作为标识符，例如：

C 语言中文网 = "http://c.biancheng.net"

但我们应尽量避免使用汉字作为标识符，这样可以避免遇到很多奇葩的错误。

Python 标识符命名常用小技巧：

- 当标识符用作模块名时，应尽量短小，并且全部使用小写字母，可以使用下划线分隔多个字母，例如 game_mian、game_register 等。
- 当标识符用作包的名称时，应尽量短小，也全部使用小写字母，不推荐使用下划线，例如 com.mr、com.mr.book 等。
- 当标识符用作类名时，应采用单词首字母大写的形式。例如，定义一个图书类，可以命名为 Book。
- 模块内部的类名，可以采用"下划线+首字母大写"的形式，如 _Book。
- 函数名、类中的属性名和方法名，应全部使用小写字母，多个单词之间可以用下划线分隔。
- 常量命名应全部使用大写字母，单词之间可以用下划线分隔。

2. Python 保留字

图 1-3 显示了在 Python 中的保留字。这些保留字不能用作常数或变量，或任何其他标识符名称。所有 Python 的关键字只包含小写字母。

and	exec	not
assert	finally	or
break	for	pass
class	from	print
continue	global	raise
def	if	return
del	import	try
elif	in	while
else	is	with
except	lambda	yield

图 1-3 Python 保留字

3. 行与缩进

学习 Python 与其他语言最大的区别就是，Python 的代码块不使用大括号 {} 来控制类，用函数以及其他逻辑判断。Python 最具特色的就是用缩进来写模块。缩进的空白数量是可变的，但是所有代码块语句必须包含相同的缩进空白数量，这个必须严格执行。图 1-4 示例缩进四个空格：

```
a = 10                    if a == b:
b = 9                         print ("Answer")
if a > b:                     print ("True")
    print ("True")        else:
else:                         print ("Answer")
    print ("False")           print ("False")    # 没有严格缩进，在执行
                              时会报错
```

图 1-4 缩进示例

执行以上错误代码，会出现如下错误提醒：

```
File"d:/Python/Pythoncode/p.py",line 13
print("False")      #没有严格缩进，在执行时会报错
^
IndentationError:unindent does not match any outer indentation level
```

上述错误表明，你使用的缩进方式不一致，有的是 tab 键缩进，有的是空格缩进，改为一致即可。

如果是"IndentationError：unexpectedindent"错误，则 Python 编译器是在告诉你"你的文件里格式不对了，可能是 tab 和空格没对齐的问题"，所有 Python 对格式的要求非常严格。

因此，在 Python 的代码块中必须使用相同数目的行首缩进空格数。

建议在每个缩进层次使用单个制表符或两个空格或四个空格，切记不能混用。

4. 多行语句

Python 语句中一般以新行作为语句的结束符。

我们可以使用反斜杠（\）将一行的语句分为多行显示，如下所示：

```
a = 1
b = 2
c = 3
total = a+\
       b+\
       c
print(total)
```

语句中包含 [ ]、{} 或 ( )，括号内就不需要使用多行连接符，如下示例：

```
days = [ 'Monday','Tuesday',
        'Wednesday', 'Thursday',
        'Friday']
print(days)
```

5. Python 引号

Python 可以使用引号（'）、双引号（"）、三引号（''' 或 """）来表示字符串，开始与结束的引号必须是相同类型的，其中三引号可以由多行组成，是编写多行文本的快捷语法，常用于文档字符串，在文件的特定地点，被当作注释。

```
word = 'word'
sentence = " 这是一个句子。"
paragraph = """ 这是一个段落。
包含了多个语句 """
```

6. Python 注释

Python 中单行注释采用 # 开头；单行注释也可以放在表达式行末。

```
#!/usr/bin/python
## _ * _ coding: UTF-8 _ * _
# 文件名：test.py
# 第一个注释
print("Hello, Python!") # 第二个注释
```

输出结果：

```
Hello, Python!
```

Python 中多行注释使用三个单引号（'''）或三个双引号（"""）。

```
'''
这是多行注释，使用单引号。
这是多行注释，使用单引号。
这是多行注释，使用单引号。
'''

"""
这是多行注释，使用双引号。
这是多行注释，使用双引号。
这是多行注释，使用双引号。
"""
```

7. Python 空行

函数之间或类的方法之间用空行分隔，表示一段新的代码的开始。类和函数入口之间也用一行空行分隔，以突出函数入口的开始。

空行与代码缩进不同，空行并不是 Python 语法的一部分，书写时不插入空行，Python 解释器运行也不会出错。空行的作用在于分隔两段不同功能或含义的代码，便于日后代码的维护或重构。

记住：空行也是程序代码的一部分。

8. 等待用户输入

下面的程序执行后就会等待用户输入，按回车键后就会退出：

```
1  input("按下 enter 键退出，其他任意键显示...\n")
```
execution queued 14:39:41 2021-01-21

按下 enter 键退出，其他任意键显示...

以上代码中，\n 实现换行。一旦用户按下 enter（回车）键就会退出：

```
In [3]:  1  input("按下 enter 键退出，其他任意键显示...\n")
```
executed in 1m 52.6s, finished 14:41:33 2021-01-21

按下 enter 键退出，其他任意键显示...
人生苦短，我用Python!

Out[3]: '人生苦短，我用Python!'

9. 同一行显示多条语句

Python 可以在同一行中使用多条语句，语句之间使用分号(;)分隔，以下是一个简单的实例：

```
import os;print('hello');print('world')
```

执行上述语句结果如下：

```
hello
world
```

10. print 输出

print 默认输出是换行的，如果要实现不换行需要在变量末尾加上逗号（,）。

演示代码如下：

```
x = "a"
y = "b"
# 换行输出
print(x)
print(y)
print('----------')
# 不换行输出
print(x),
print(y),
# 不换行输出
print(x, y)
```

输出结果如下：

```
a
b
----------
a
b
ab
```

11. 多个语句构成代码组

缩进相同的一组语句构成一个代码块，我们称之为代码组。像 if、while、def 和 class 这样的复合语句，首行以关键字开始，以冒号（:）结束，该行之后的一行或多行代码构成代码组。我们将首行及后面的代码组称为一个子句。

如图 1-5 示例：

```
age=int(input('请输入年龄'))
sex=input('请输入性别')
if age>=19 and sex=='男':
    print('该上班了')
elif age<18 or sex=='女':
    print('上学吧还是')
elif not(sex=='男' and sex=='女'):
    print('既不是男也不是女')
else:
    pass
```

图 1-5　代码组示例

快来运行你的第一个 Python 代码吧!

任务实战

● **任务一**：练习 Python 标识符
注意：
```
# 正确的标识符
UserID = 2022
name
mode12
user_age
# 错误的标识符
4word              # 不能以数字开头
try                # try 是保留字，不能作为标识符
$money             # 不能包含特殊字符
ab c               # 不能含空格

# 标识符字母严格区分大小写
number = 0
Number = 0
NUMBER = 0

# 允许使用汉字作为标识符
C语言中文网 = "http://c.biancheng.net"
```

参考代码：
```
UserID = 2022
print(UserID)

user_age = 18
print(user_age)

number = 0
Number = 1
NUMBER = 2
print(number)
print(Number)
print(NUMBER)

C语言中文网 = "http://c.biancheng.net"
print(C语言中文网)
```

● **任务二：练习 Python 行与缩进**
参考代码：
```
a = 10
b = 9
if a>b:
    print ("True")
else:
    print ("False")

if a == b:
    print("Answer")
    print("True")
else:
    print("Answer")
   print ("False")                    #没有严格缩进，在执行时会报错
```

● **任务三：练习 Python 多行语句**
参考代码1：
```
a = 1
b = 2
c = 3
total = a+\
        b+\
        c
print(total)
```
参考代码2：
```
days = ['Monday', 'Tuesday',
        'Wednesday', 'Thursday',
        'Friday']
print(days)
```

● **任务四：练习 Python 引号**
参考代码：
```
word = 'word'
sentence = "这是一个句子。"
paragraph = """这是一个段落。
               包含了多个语句"""
print(word)
print(sentence)
print(paragraph)
```

● **任务五：练习 Python 注释**

参考代码：

#!/usr/bin/python

_ * _ coding: UTF-8 _ * _

文件名：test.py

第一个注释

print("Hello, Python!") # 第二个注释

'''

这是多行注释，使用单引号。

这是多行注释，使用单引号。

这是多行注释，使用单引号。

'''

"""

这是多行注释，使用双引号。

这是多行注释，使用双引号。

这是多行注释，使用双引号。

"""

● **任务六：练习 Python 用户输入**

参考代码：

#!/usr/bin/python

_ * _ coding: UTF-8 _ * _

input("按下 enter 键退出，其他任意键显示...\n")

● **任务七：练习 Python 打印函数**

参考代码：

x = "a"

y = "b"

换行输出

print(x)

print(y)

print('---------')

不换行输出

print(x, y)

随堂测验

1. Python 诞生于（　　）年。（单选题）
   A. 1990　　　　　B. 1989　　　　　C. 1992　　　　　D. 1988
2. （　　）不是 ABC 语言没有最终流行的原因。（单选题）
   A. 扩展性差　　　B. 不能直接运行　　C. 传播困难　　　D. 运行速度慢

3. Python 程序的文件扩展名是（　　）。（单选题）
A．python B．.p C．.py D．.pyth
4. （　　）不是 Python 的设计哲学。（单选题）
A．优雅 B．明确 C．简单 D．稀疏
5. Python 是一门动态类型的（　　）语言。（单选题）
A．解释型 B．编译型 C．脚本 D．集成
6. （　　）不是 Python 语言的优点。（单选题）
A．简单、易学 B．免费、开源 C．丰富的库 D．运行速度快
7. （　　）不是 Python 的内置函数。（单选题）
A．abs B．Scrapy C．min D．help
8. Python 第三方库可以通过（　　）进行安装。（单选题）
A．pip install B．pop install C．install D．pip install 库名
9. （　　）不是 Python IDE。（单选题）
A．Pycharm B．Spyder
C．Rstudio D．Jupyter Notebook
10. Python 程序的运行方式正确的是（　　）。（单选题）
A．交互式 B．解释型 C．编译型 D．直接运行式
11. 在 Python 交互模式下输入（　　）退出交互模式。（单选题）
A．exit B．exit（） C．quit D．quit（）
12. 如果要让 Python 打印出指定的文字，可以用（　　）函数。（单选题）
A．print B．print（） C．printer D．printer（）

参考答案：
1～12．BDCDADBDCABB

第三节　Python 变量及基本数据类型

一、Python 变量

（一）什么是变量

变量（Variable）是计算机语言中能储存计算结果或能表示值的抽象概念。简单地说，变量可以看作用来表示值的盒子，不同的变量代表了计算机内存中不同的信息（见图 1-6）。

图 1-6　Python 变量

（二）变量的赋值

Python 的变量通过"="（等号）来赋值，例如：country="China"。
等号的左边 country 是变量名，等号的右边是该变量所赋的值 China。

```
year = 2020
temperature = 36.5
url = "https://cloud.seentao.com/"
con = "人生苦短，我用Python"
```

数字赋值：Python 定义数字不需要引号，直接赋值即可。
字符串赋值：需要加上英文引号（通常使用英文双引号）。

（三）变量的命名

1. 变量的命名规则

变量的命名规则见图 1-7。
只能由数字（0～9）、字母（a～z，A～Z）、下划线（_）组成，但不能以数字开头。
标识符不能和 Python 中的关键字相同。
Python 中的标识符中，不能包含空格、@、？、%、$ 等特殊字符。

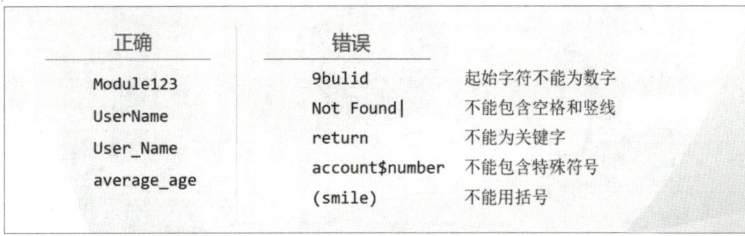

图 1-7　变量的命名规则

2. 变量命名的注意事项

- 变量名区分大小写，以下为三个不同的变量。

```
total=10
Total=20
TOTAL=30
```

- 同一变量名重复赋值，最后一个有效。

```
total=10
total=20
total=30
```

- 自定义变量名，尽量做到见名知意，可适当简写。

content 可简写为 con。

- Python 允许使用汉字作为变量名，但是我们应尽量避免使用汉字作为变量名，以避免程序运行时可能引发的异常。
- 变量名不能与关键字完全相同。

Python 的关键字如图 1-8 所示。

```
In [1]: help('keywords')

Here is a list of the Python keywords.  Enter any keyword to get more help.

False               class               from                or
None                continue            global              pass
True                def                 if                  raise
and                 del                 import              return
as                  elif                in                  try
assert              else                is                  while
async               except              lambda              with
await               finally             nonlocal            yield
break               for                 not
```

图 1-8　Python 关键字

注：Jupyter Notebook 中的截图。

（四）变量的类型

- Python 的标准数据类型见图 1-9。

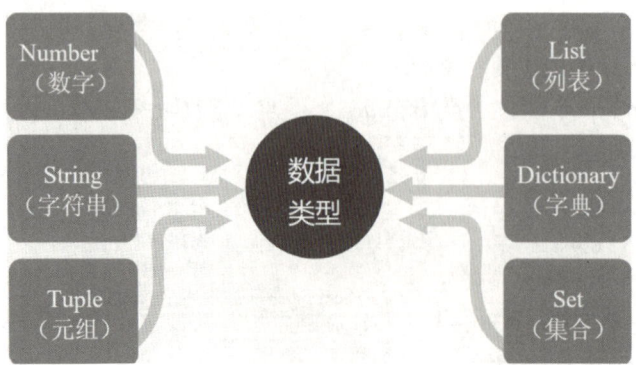

图 1-9　Python 数据类型

# 任务实战

任务描述

学习 Python 变量如何赋值。包括数字类型、字符串类型，以及赋值过程中变量大小写、重复赋值、使用符号等问题。

- **任务一：数字赋值**

参考代码：

```
year = 2020
temperature = 36.5
print(year)
print(temperature)
```

- **任务二：字符串赋值**

参考代码：

```
country = "China"
url = "https://cloud.seentao.com/"
con = "人生苦短，我用 Python"
print(country)
print(url)
print(con)
```

- **任务三：重复赋值**

参考代码：

```
total = 10
total = 20
total = 30
print(total)
```

- **任务四：变量名区分大小写**

参考代码：

```
total = 10
Total = 20
TOTAL = 30
print(total)
print(Total)
print(TOTAL)
```

二、Python 数字

（一）Python 数字类型

Python 用数字类型来描述数值型的数据，支持三种不同类型的数值：整型、浮点型、复数。常用的是整型和浮点型（见图 1-10）：

整型（Int）：通常被称为整数或整型，包括正整数、负整数和 0，不带小数点。

浮点型（Float）：浮点型由整数部分和小数部分组成，带小数点。

Int	Float
12	12.30
0	0.1
-56	33.333

图 1-10　整型、浮点型示例

（二）数字类型的运算

数字类型可以用运算符进行计算，在 Jupyter 中计算结果如图 1-11 所示。

```
In  [1]: 2 + 3   # 加法
Out[1]: 5

In  [2]: 93 - 30   # 减法
Out[2]: 63

In  [3]: 77 - 7 * 11
Out[3]: 0

In  [4]: 10 / 5   # 除法 总是返回一个浮点数
Out[4]: 2.0

In  [5]: # 除法在不同情形下，返回结果可能不同
         10 / 3
Out[5]: 3.3333333333333335

In  [6]: 16 // 3   # 整数取商
Out[6]: 5

In  [7]: 16 % 3   # 整数取余
Out[7]: 1

In  [8]: 16.0 // 3   # 浮点数取商
Out[8]: 5.0

In  [9]: 16.5 % 3   # 浮点数取余
Out[9]: 1.5

In [10]: 2 ** 3   # 幂运算
Out[10]: 8
```

图 1-11　数字运算示例

在整数除法中，使用"/"总是返回一个浮点数。

上述运算使用了 Python 中的算数运算符，如图 1-12 所示。

运算过程中，会涉及运算优先级，如先乘除后加减。

不确定运算顺序时，可像数学中一样，使用（　　），Python 中用英文括号。

运算名称	运算符
加法	+
减法	-
乘法	*
除法	/
除法取商（向下取整数）	//
除法取余数	%
幂运算	**

图 1-12　Python 中的算术运算符

(三)数字类型的转换

常用数字类型包括:整型(Int),浮点型(Float)。这两种类型可以相互转换(见图1-13)。

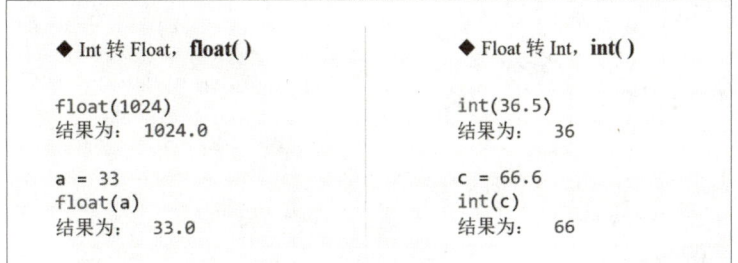

图1-13 数字类型转换示例

float( )和int( )是Python的内置函数,括号内可写入数字类型或变量名称。

浮点型(Float)数字如何按需保留小数位?

使用Python中的round函数。

使用方法为:round(浮点数字,保留位数)。

注意:并非严格四舍五入。

示例:使用round函数,将圆周率保留3位小数。

```
round(3.1415926,3)
结果为:3.142
```

 **任务实战**

任务描述

1)Python数字运算符的使用。

2)整型和浮点型的相互转换。

● **任务一:数字类型的计算**

使用算术运算符,进行整型和浮点型的计算,并使用print( )函数打印出结果。

1)对12和5进行加、减、乘、除、取余、取商运算。

2)对9.0和2.0进行加、减、乘、除、取余、取商运算。

3)计算3的3次方。

4)计算3、4、5、6的平均数,并打印出结果。

参考代码如下:

```
print(12+5)
print(12-5)
print(12*5)
print(12/5)
print(12%5)
print(12//5)
print(3**3)
```

● 任务二：数字类型的转换

1）将 3.1415 转换为整型。

2）将 23 转换为浮点型。

参考代码如下：

```
print(int(3.1415))
print(float(23))
```

● 任务三：使用 round 函数

1）将 3.1415 保留两位小数。

2）将 9.642545 保留三位小数。

参考代码如下：

```
print(round(3.1415, 2))
print(round(9.642545, 3))
```

三、Python 字符串

（一）Python 字符串类型

1. 字符串是什么

字符串（String）是由 Unicode 码点组成的不可变序列（Strings are immutable sequences of Unicode code points），是 Python 中最常用的数据类型。可以简单理解为字符串是由零个或多个字符组成的有限序列。

2. 字符串如何定义

1）使用英文引号（'或"）（或'''）（或"""）来创建字符串。引号内为字符串内容。

2）不含任何字符内容的字符串，如''（一对英文单引号），""（一对英文双引号），称为空字符串。

```
lan = 'Python'              # 使用单引号
lan_1 = "Python"            # 使用双引号
lan_2 = """Python"""        # 使用三引号（三引号中单引号和双引号均可）
lan_3 = ""                  # 使用双引号定义空字符串
```

3. 单引号、双引号、三引号的区别

1）单引号、双引号作用相同，可避免字符串内出现相同的引号。

```
sen = "Hey, you're gorgeous."
sen2 = 'She said, "Oh, thank you！"'
```

2）三引号可以定义多行字符串，还可定义包含单引号、双引号的字符串。

con=""" 比较分析法，是通过对比两期或连续数期财务报告中的相同指标，确定其增减变动的方向、数额和幅度，来说明企业财务状况或经营成果变动趋势的一种方法。

```
con2 = """ I'm very happy.", he says. """
```

4. 如何打印 Python 字符串

1）使用 print（）函数，直接打印出字符串的内容。

print("人生苦短，我用 Python！")
结果为：人生苦短，我用 Python！

2）字符串赋值给一个变量，然后打印该变量。

name = "Tom"
con = "Hello, World!"
print(name, con)
结果为：Tom Hello, World!

注：print 函数的括号中，可使用英文逗号，分隔打印的内容。

（二）字符串的拼接

1. 字符串与字符串拼接

"Hello, "+"World！"
拼接后为：Hello, World!

2. 字符串与变量拼接

w1 = "Hello, "
w1 +"World!"
拼接后为：Hello, World!

3. 字符串与数字拼接

"cool, "+ str(666)
拼接后为：cool, 666

4. 字符串类型的变量进行拼接

w1, w2 = "Hello, ", "World!"
w1 + w2
结果为：Hello, World!
Q：拼接内容太多，或需要多次转换格式，有简便方法吗？

（三）字符串的格式化

通俗地说，字符串的格式化是定制输出模板，模板中预留有需要转换参数的位置和格式，传入的参数据此来实现转换，其余的内容保持原样。在预留位置上的是占位符。

1）字符串格式化输出。

```
num = "Friday"
print("Today is %s"% num)
结果为：Today is Friday
```

格式化语句解读见图 1-14。

注意：最终输出的结果只有引号内的部分，%s 表示对字符串的格式化。

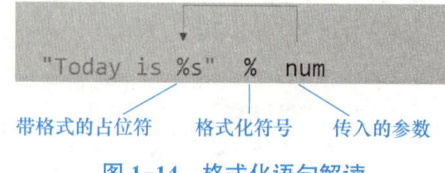

图 1-14　格式化语句解读

2）多参数字符串格式化输出。

```
temp, text = "21", "晴"
print("实时天气为 %s 摄氏度, %s"% (temp, text))
结果为：实时天气为 21 摄氏度, 晴
```

注意：temp，text 为多参数，需要加括号。

3）浮点数格式化输出。

```
weight = 62.5
print("测试者的体重是 %f 公斤 "% weight)
print("测试者的体重是 %.2f 公斤 "% weight)
结果为：
测试者的体重是 62.500000 公斤
测试者的体重是 62.50 公斤
```

注意：%f 表示浮点数格式化，默认保留 6 位小数；.2 表示小数点后保留两位，并非严格四舍五入。

4）百分号格式化输出。

```
current_rate = 0.30
print("建行的活期利率为 %.2f%%"% current_rate)
结果为：建行的活期利率为 0.30%
```

注意：%% 就可以输出 %。

```
rate = 0.1231
print("某金融产品的年化收益率为 %.2f%%"% (rate * 100))
结果为：某金融产品的年化收益率为 12.31%
```

注意：可将参数先进行计算，再传入。

5)整数格式化输出。

num = 180
print("目前,世界上流通的法定货币共有%d 种 "% num)
结果为:目前,世界上流通的法定货币共有180 种

注意:%d 表示整数的格式化输出。
(数据来源:https://zh.wikipedia.org/wiki/ 流通货币列表)
6)f- 字符串输出(3.6 之后版本)。

country, population = "中国", 14
print(f"{country}的总人口为 {population} 亿人(2019 年) ")
结果为:中国的总人口为 14 亿人(2019 年)

注意: f"{}" 表达式可以是任意类型数据、计算公式、调用函数等。
输出的结果不改变数据的位数、表示形式,按原样输出,可使用 f 方式。
7)format 格式化输出。

country, population = "中国", 14
print("{}的总人口为 {} 亿人(2019 年) ".format(country, population))
结果为:中国的总人口为 14 亿人(2019 年)

format 格式化解读见图 1-15。

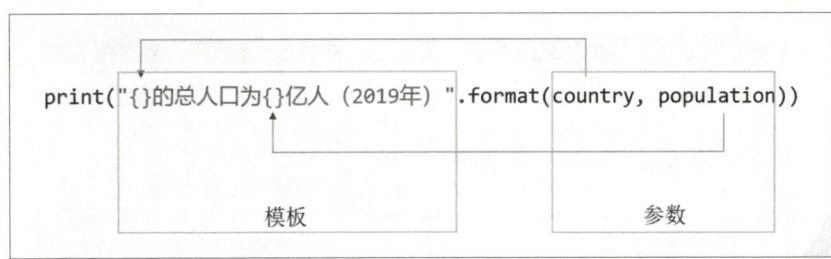

图 1-15　format 格式化解读

format 传递参数和 % 格式化类似,可以按位置传递参数,{} 为参数位置,format 括号内为需要传递的参数,用逗号分隔,{} 和参数的数量相同。

8)format 输出时的格式控制。
format 方法中的 {},可以为空,可以写参数序号,还可以控制格式(见图 1-16)。
格式为:{<参数序号>:<格式控制>}

:	<填充>	<对齐>	<宽度>	<,>	<精度>	<类型>
引导符号	用于填充的单个字符(默认空格)	< 左对齐 > 右对齐 ^ 居中对齐 (默认左对齐)	最小宽度	数字类型千分符,适用于整数、浮点数	浮点数小数部分的精度或字符串的最大输出长度	整数类型 b,c,d,o,x,X 浮点类型 e,E,f,%

图 1-16　format 控制格式

如果需要格式化控制，必须写":"，其他参数可选择填写。下面为几种类型：

b：二进制

c：字符，整数转换为对应的 Unicode

d：十进制

o：八进制

x：十六进制，前缀 0x

X：十六进制，前缀 0X

e：科学计数法，小写 e

E：科学计数法，大写 E

f 或 F：浮点数字，使用小数点

%：百分比

format 格式控制案例：

（1）填充、对齐和宽度。

填充、对齐和宽度控制代码说明见图 1-17。

Python代码	运行结果	说明
'{:6}'.format('分割线')	'分割线　　'	":"开始，6表示字符串宽度，默认左对齐，不足补空格
'{:2}'.format('分割线')	'分割线'	默认长度不满足，传入参数长度，以实际宽度为准
'{:^11}'.format('分割线')	'　　分割线　　'	"^"表示居中对齐，宽度为11，不足用空格填充
'{:-^11}'.format('分割线')	'----分割线----'	"-"为填充符，"^"表示居中对齐，宽度为11，不足用"-"补全
'{0:{1}{2}{3}}'.format('分割线','-','^','11')	'----分割线----'	同上，参数均可传入，参数序号与位置一一对应

图 1-17　填充、对齐和宽度控制代码说明

（2）精度和类型。

精度和类型控制代码说明见图 1-18。

Python代码	运行结果	说明
'{:,}'.format(1234567890)	'1,234,567,890'	":"开始，","表示显示千分符
'{:,.3f}'.format(12345)	'12,345.000'	".3f"表示浮点数类型，保留3位小数
'{:x}'.format(93)	'5d'	"x"表示输出整数的小写十六进制
'{:e}'.format(93)	'9.300000e+01'	"e"表示输出浮点数对应的小写字母e的指数形式
'{:.2%}'.format(0.93)	'93.00%'	"%"表示输出浮点数的百分比形式

图 1-18　精度和类型控制代码说明

【小结】

格式化用法小结见图 1-19。

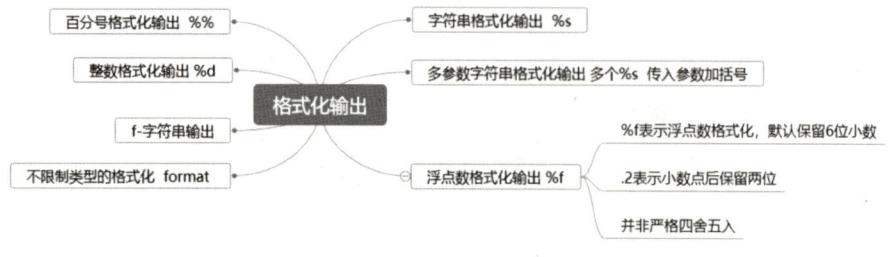

图 1-19　格式化用法小结

任务实战

任务描述

1）学习字符串的定义和拼接。

2）学习将不同类型的数据转换为不同格式的字符串，并进行输出。

- **任务一：定义字符串**

1）代码输出：财务大数据，让数据说话（知识点：单引号和双引号）。

参考代码：

print('财务大数据，让数据说话')

print("财务大数据，让数据说话")

2）代码输出：财务大数据，让数据说话。要求换行（知识点：三引号）。

参考代码：

print('''财务大数据让数据说话''')

3）代码输出：财务大数据，让数据"说话"（知识点：单引号和双引号）。

参考代码：

print('财务大数据，让数据"说话"')

- **任务二：拼接字符串**

1）字符串与字符串的拼接。

print("Hello, "+"World！")

2）字符串与数字拼接。

s1 = "净利润"

s2 = 10000

参考代码：

print(s1+ str(s2))

或 print("净利润"+"10000")

- **任务三：字符串的格式化**

1）字符串格式化输出。

定义一个字符串，使用%s进行格式化输出。

参考代码：

age = 21

print("小红今年%s岁"% age)

2）多参数字符串格式化输出。

定义多个字符串，使用%s进行格式化输出。

参考代码：

temp, text = "21", "晴"

print("实时天气为%s摄氏度，%s"% (temp, text))

3）浮点数格式化输出。

定义一个浮点型的数字，使用%f和%.2f进行格式化输出。

参考代码：

weight = 62.5
print("测试者的体重是%f公斤"%weight)
print("测试者的体重是%.2f公斤"%weight)

4）百分号格式化输出。

定义一个浮点型的数字，使用%%和%.2f将它转变为百分数形式，并打印出来。

参考代码：

current _ rate = 0.30
print("建行的活期利率为%.2f%%"%current _ rate)

5）整数格式化输出。

定义一个整型的数字，使用%d进行格式化输出。

参考代码：

age = 21
print("小红今年%d岁"%age)

6）f-字符串输出（3.6之后版本使用f-string形式，进行格式化输出）。

参考代码：

name, age = "小红", 21
con = f"{name}的年龄为{age}岁"
print(con)

7）使用format格式化方式，修改上例。

参考代码：

name, age = "小红", 21
print("{}的年龄为{}岁".format(name, age))

- **任务四：字符串的内置函数和方法（拓展任务）**

1）"economics"中"o"出现的次数。

参考代码：

print("economics".count("o"))

2）"sociology"中"o"的最低索引。

参考代码：

print("sociology".index("o"))

3）求出"财务大数据"字符串的长度。

参考代码：

print(len("财务大数据"))

4）移除字符串" 春暖花开 "两边的空白内容，并打印其结果。

移除字符串"---- 江山如画 --"两端的"-"，并打印其结果。

参考代码：

print(" 春暖花开 ".strip())
print("---- 江山如画 --".strip("-"))

四、Python 列表

（一）Python 列表类型

1. 列表是什么

列表（List）通常用于存储同类项目，是一个有序的集合（有序是说列表内存储的数据是有先后顺序的），是 Python 中用于存储数据集合的 4 种内置数据类型之一，其余三个是元组、集合、字典。

2. 列表如何定义

1）使用英文方括号［ ］创建列表，用英文逗号分隔不同的元素。
2）存储元素的类型可不同，元素可重复，可嵌套多层列表。
3）［］表示没有元素的列表，称为空列表。

```
name =［'资产负债表','利润表','现金流量表'］
```

上述定义了名为 name 的列表，包含三个字符串类型的元素。

3. 定义列表示例

1）定义一个员工姓名列表。

```
name =［'马冬梅','夏洛特','袁华'］
```

2）定义一个课程列表。

```
course =［'高等代数','解析几何','数学分析'］
```

3）定义一个课时列表。

```
class_hour =［28, 32, 36］
```

（二）列表的操作

1. 列表添加元素

可采用三种方式为列表添加元素，分别为 append，extend，insert。
1）末尾添加一个元素，采用 append 方法。
如何向 course 列表末尾添加一个'拓扑学'？

```
course.append('拓扑学')
```

```
course =［'高等代数','解析几何','数学分析'］
course.append('拓扑学')
print(course)
```

［'高等代数','解析几何','数学分析','拓扑学'］

2）末尾添加多个元素，采用 extend 方法。
如何向 course 列表末尾添加多个元素呢？如添加'拓扑学'和'统计学'。

```
course.extend(['拓扑学','统计学'])
```

注意：使用 extend 方法添加多个元素时，需要用列表的 [ ] 将多个元素包裹起来。

```
course = ['高等代数','解析几何','数学分析']
course.extend(['拓扑学','统计学'])
print(course)

['高等代数','解析几何','数学分析','拓扑学','统计学']
```

3）指定索引位置添加元素或列表，采用 insert 方法。

如何向 course 列表指定位置添加元素呢？如将'拓扑学'插入到列表的第一个位置。

```
course.insert(0,'拓扑学')
```

注意：使用 insert 方法时，需要填入两个参数，第一个参数为需要插入的索引，第二个参数为新插入内容。

```
course = ['高等代数','解析几何','数学分析']
course.insert(0,'拓扑学')
print(course)

['拓扑学','高等代数','解析几何','数学分析']
```

2. 列表删除元素

可采用三种方式删除列表元素：按索引删除，按元素内容删除，清空列表。

按索引删除列表元素，采用 del 方法、pop 方法。

1）如何使用 del 方法删除 name 列表的第一个元素呢？

```
del listname[index]
```

listname 为需要操作的列表，index 为需要删除的元素索引，索引从零开始。

```
name = ['马冬梅','夏洛特','袁华']
del name[0]    # 索引从零开始，第一个元素索引为0
print(name)

['夏洛特','袁华']
```

2）如何使用 del 方法删除 name 列表的前两个元素呢？

```
del listname[startindex: endindex]
```

listname 为需要操作的列表，startindex 为开始的索引，endindex 为结束元素的后一个索引，索引区间为左闭右开。

```
name = ['马冬梅','夏洛特','袁华']
del name[0:2]    # 索引取到了第0、1两个元素
print(name)

['袁华']
```

3）如何使用 pop 方法删除 name 列表的第一个元素呢？

listname.pop(index)

注意：listname 为需要操作的列表，index 为需要删除的元素索引，索引从零开始。

```
name = ['马冬梅','夏洛特','袁华']
name.pop(0)    # 索引从零开始，第一个元素索引为0
print(name)

['夏洛特','袁华']
```

4）如何使用 pop 方法删除 name 列表的最后一个元素呢？

listname.pop( )

注意：listname 为需要操作的列表名，pop（ ）默认删除最后一个元素。

```
name = ['马冬梅','夏洛特','袁华']
name.pop()    # 默认删除最后一个元素
print(name)

['马冬梅','夏洛特']
```

按元素内容删除列表元素，采用 remove 方法。
如何使用 remove 方法删除 name 列表中的'马冬梅'呢？

listname.remove(obj)

注意：listname 为需要操作的列表，obj 为 remove 方法中需要删除的元素。

```
name = ['马冬梅','夏洛特','袁华']
name.remove('马冬梅')
print(name)

['夏洛特','袁华']
```

清空列表，采用 clear 方法。
如何使用 clear 方法清空 name 列表中的所有元素？

listname.clear( )

注意：listname 为需要操作的列表，clear 方法的括号中不要写任何内容。

```
name = ['马冬梅','夏洛特','袁华']
name.clear()
print(name)

[]
```

3. 列表的访问

● 切片法

1）使用场景：获取字符串、列表、元组、集合、字典这几种类型数据中的值。

2）原理：利用索引来寻找目标元素的位置。切片法中的索引包括正索引、负索引（见图1-20）。

以列表a为例：a=["财","务","大","数","据","课","程"]

从左向右为正方向 →					← 从右向左为负方向	
正索引 0	1	2	3	4	5	6
负索引 -7	-6	-5	-4	-3	-2	-1
列表中的值 "财"	"务"	"大"	"数"	"据"	"课"	"程"
起点						终点

图1-20 切片法索引说明

3）切片操作表达式：obj [start_index：end_index：step]。

4）step：正负数均可，其绝对值大小决定了切取数据时的"步长"，而正负号决定了"切取方向"，正表示"从左往右"取值，负表示"从右往左"取值。当step省略时，默认为1，即从左往右以步长1取值。切取方向非常重要！

5）start_index：表示起始索引（包含该索引对应值）；该参数省略时，表示从对象"端点"开始取值，至于是从"起点"还是从"终点"开始，则由step参数的正负决定，step为正从"起点"开始，为负从"终点"开始。

6）end_index：表示终止索引（不包含该索引对应值）；该参数省略时，表示一直取到数据"端点"，至于是到"起点"还是到"终点"，同样由step参数的正负决定，step为正时直到"终点"，为负时直到"起点"。

一个完整的切片表达式包含两个"："，用于分隔三个参数（start_index，end_index，step）。当只有一个"："时，默认第三个参数step=1；当一个"："也没有时，start_index=end_index，表示切取start_index指定的那个元素。

● 列表的访问（使用切片法）

1）访问单个元素。

```
listname[index]
```

注意：listname为列表的名称，index为索引的值。

如何使用索引取出列表a中的'数'，'据'？

```
a=['财','务','大','数','据','课','程']
print(a[3])    #取正索引，从0开始递增取到"数"
print(a[-3])   #取负索引，从-1开始递减取到"据"
```

```
a = ['财','务','大','数','据','课','程']
print(a[3])
print(a[-3])

数
据
```

2）访问多个元素。

如何使用索引，以列表的形式，一次取出列表 a 中的 '数' '据'？

```
a = ['财','务','大','数','据','课','程']
print(a[3:5])    #可以理解为左闭右开区间，右边索引对应的内容取不到
```

```
a = ['财','务','大','数','据','课','程']
print(a[3:5])

['数','据']
```

如何使用索引，以列表的形式，取出列表 a 中所有偶数索引所对应的元素？

```
a = ['财','务','大','数','据','课','程']
print(a[::2])    #step 步长为 2
```

```
a = ['财','务','大','数','据','课','程']
print(a[::2])

['财','大','据','程']
```

注意：start_index，end_index 都省略，说明从端到端，对完整的列表取元素。

4. 列表的修改

Python 的列表是可变数据类型，更改列表中的某个值，可以直接赋值。如何将列表 a 的第一个元素修改为 '税'？

```
a[0] = '税'
```

```
a = ['财','务','大','数','据','课','程']
a[0] = '税'
print(a)

['税','务','大','数','据','课','程']
```

【小结】

列表用法小结见图 1-21。

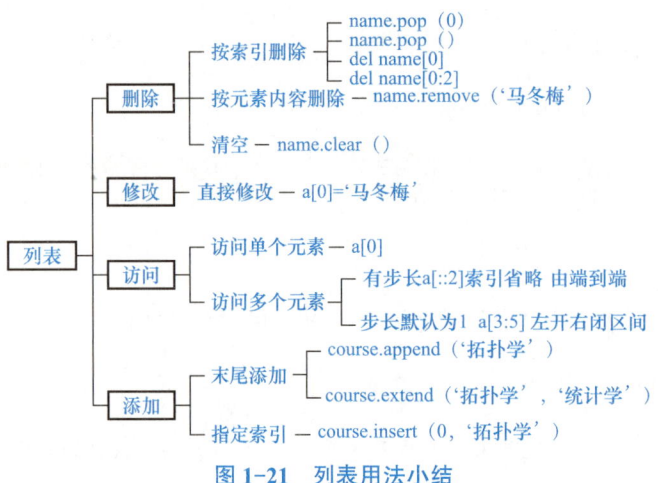

图 1-21　列表用法小结

五、Python 元组

（一）Python 元组类型

1．元组是什么

元组（Tuple）和列表类似，也是存储数据的，是一个有序的集合。数据在元组中也是有先后顺序的。不同之处在于，元组是不可变类型，元组中的元素不能修改，所以创建后一般不修改它。

2．元组如何定义

1）使用英文括号创建元组，用英文逗号分隔不同的元素。

2）存储元素的类型可不同，元素可重复，可多层嵌套。

3）（　　）表示没有元素的元组，称为空元组。只含一个元素的元组，在元素末尾加上英文逗号。

```
name = ('资产负债表', '利润表', '现金流量表')    name2 = (3,)
```

上述定义了名为 name 的元组，包含三个字符串类型的元素。

举例：

（1）定义七大洲的元组。

```
continents = ('亚洲', '欧洲', '非洲', '北美洲', '南美洲', '南极洲', '大洋洲')
```

（2）定义个人信息的元组。

```
info = ('姚明', '男', '汉族', 226, '1980年9月12日', '处女座')
```

（3）定义一个会计学院下教研机构的元组。

```
org = ('财务会计系', '管理会计系', '审计系', '财务管理系', '会计管理系', 'MPAcc\
教育中心', 'ACCA教育中心')
```

注意：程序一行内容过长，可以在每行末尾使用反斜杠（\），让程序识别为一行内容。

（二）元组的操作

1. 元组的访问（切片法）

1）访问单个元素。

如何使用索引取出元组 continents 中的'南极洲'？

> continents =（'亚洲'，'欧洲'，'非洲'，'北美洲'，'南美洲'，'南极洲'，'大洋洲'）
> print(continents[-2])

```
continents = ('亚洲','欧洲','非洲','北美洲','南美洲',\
              '南极洲','大洋洲')
print(continents[-2])

南极洲
```

2）访问多个元素。

如何使用索引取出元组 continents 中的最后三个元素？

> continents =（'亚洲'，'欧洲'，'非洲'，'北美洲'，'南美洲'，'南极洲'，'大洋洲'）
> print(continents[-3:])

```
continents = ('亚洲','欧洲','非洲','北美洲','南美洲',\
              '南极洲','大洋洲')
print(continents[-3:])

('南美洲','南极洲','大洋洲')
```

2. 元组的修改

元组是不可变类型，不能直接修改内部元素，否则程序会报错。元组内元素不可更改，是一个重要性质，我们可以合理利用这一性质。

3. 元组的添加

1）元组可以用 append，extend，insert 函数添加元素吗？

元组是不可变类型，不能添加元素，否则程序会报错。

2）元组不可修改内部元素，但是可以使用"+"拼接，拼接前后的元组并不是同一个变量。

例如：

```
tup1 = (1, 2)
print(id(tup1))

tup1 += (3,)
print(id(tup1))

print(tup1)

2946313443080
2946313696744
(1, 2, 3)
```

备注：id（）函数可以查看变量的内存地址

注意：变量的内存地址改变，说明前后两个变量存储位置不同，不再是之前的元组。可以对比列表拼接前后的内存地址。

4. 元组的删除

删除元组，使用 del 方法。

```
del tuplename
```

注意：tuplename 为需要删除的元组名，方法与删除列表类似。

例如：

```
continents = ('亚洲','欧洲','非洲','北美洲','南美洲',\
              '南极洲','大洋洲')
del continents    # 删除元素
print(continents)
----------------------------------------------------------------
NameError                                 Traceback (most recent call last)
<ipython-input-15-95d9af76fd82> in <module>
      2         '南极洲','大洋洲')
      3 del continents    # 删除元素
----> 4 print(continents)

NameError: name 'continents' is not defined
```

程序运行提示：

```
NameError:
name 'continents' is not defined
```

'continents' 已经被删除，才会未定义，说明删除成功。

（三）元组与列表的不同

元组与列表的区别见表 1-3。

表 1-3　元组与列表的区别

不同点	元组	列表
表示方式不同	使用（ ）表示；仅一个元素时，末尾加","	使用［ ］表示
是否可以改变	不可修改、添加、删除内部元素	可以修改、添加、删除
性能不同	大小固定，性能略高	大小不固定，性能略低
类型转换方法不同	使用 tuple（ ）方法	使用 list（ ）方法

六、Python 字典

（一）Python 字典类型

1. 字典是什么

字典（Dictionary）和列表类似，也是存储数据的，是一种无序的、可变的序列，它的元素以"键值对"（key-value）的形式存储。相对地，列表（List）和元组（Tuple）都是有序的序列，它们的元素在底层是有先后顺序的。

键值映射关系——一对应，字典类型是 Python 中唯一的映射类型。简单理解，它指的是元素之间相互对应的关系，即通过一个元素，可以唯一找到另一个元素。

字典中，习惯将各元素对应的索引称为键（key），各个键对应的元素称为值（value），键及其关联的值称为"键值对"。

2. 字典如何定义

Python 字典的构成形式为：{key1：value1，key2：value2}。字典的每个键值用"："链接，每个键值对用","分隔，一个完整的字典最外层需要使用 {} 括起来。

info _ dict = {"name"："Alice"，"age"：20}

创建字典四种方法：
1）直接定义键值对（键和值类型任意）。

country _ info = {" 中国 "："CN"，" 美国 "："US"，" 日本 "："JP"}

2）使用 dict 函数定义字典。

info = dict([(" 中国 "，"CN")，(" 美国 "，"US")]) 结果为：{' 中国 '：'CN'，' 美国 '：'US'}

3）创建空字典。

new = {}

4）创建空字典后再增加键值对。

student = {}
student["class"] = " 三年二班 "
student.["number"] = 51

上面分开定义键值对，与下面一次性全部定义的字典是等效的。
student={"class"：" 三年二班 "，"number"：51}
定义字典示例：
1）定义一个电话簿字典。

teldict = {' 哪吒 '：12345676，' 孙悟空 '：12345679，' 东海龙王 '：12345677}

2）定义一个人员信息档案字典。

Info = {
    10000：{'name'：' 哪吒 '，'sex'：' 男 '，'tel'：12345676}，

```
    10001: {'name': '孙悟空', 'sex': '男', 'tel': 12345679},
    10002: {'name': '东海龙王', 'sex': '男', 'tel': 12345677},
}
```

(二) 字典的操作

1. 字典的访问

- 根据键名，访问字典的值。

1) dictname [key] 访问值。

```
teldict = {'哪吒': 12345676, '孙悟空': 12345679, '东海龙王': 12345677}
print(teldict['哪吒'])
```
结果为：12345676

```
info = {10000: {'name': '哪吒', 'sex': '男', 'tel': 12345676},
    10001: {'name': '孙悟空', 'sex': '男', 'tel': 12345679},
    10002: {'name': '东海龙王', 'sex': '男', 'tel': 12345677}, }
print(info[10000])
```
结果为：{'name': '哪吒', 'sex': '男', 'tel': 12345676}

2) dictname.get (key) 访问值。

```
teldict = {'哪吒': 12345676, '孙悟空': 12345679, '东海龙王': 12345677}
print(teldict.get('哪吒'))
```
结果为：12345676

```
info = {10000: {'name': '哪吒', 'sex': '男', 'tel': 12345676},
    10001: {'name': '孙悟空', 'sex': '男', 'tel': 12345679},
    10002: {'name': '东海龙王', 'sex': '男', 'tel': 12345677}, }
print(info.get(10000))
```
结果为：{'name': '哪吒', 'sex': '男', 'tel': 12345676}

当 key 不存在时，结果为 None，程序不报错。

```
teldict={'哪吒': 12345676, '孙悟空': 12345679, '东海龙王': 12345677}
print(teldict.get('红孩儿'))
None
```

- 访问字典所有的值（拓展）。

1) dictname.values ( ) 访问所有的值。

```
info_dict = {'name': 'Alice', 'age': 20}
```

```
print(info_dict.values())
```
结果为：dict_values(['Alice', 20])

2）使用 for 循环取所有的值。

```
for value in info_dict.values():
print(value)
```
结果为：
Alice
20

- 访问字典所有的键（拓展）。

1）dictname.keys()访问所有的键。

```
info_dict = {'name': 'Alice', 'age': 20}
print(info_dict.keys())
```
结果为：dict_keys(['name', 'age'])

2）使用 for 循环取所有的键。

```
for key in info_dict.keys():
print(key)
```
结果为：
name
Age

- 访问字典所有的键值对。

1）dictname.items()访问所有的键值对。

```
info_dict = {'name': 'Alice', 'age': 20}
info_dict.items()
```
结果为：
dict_items([('name', 'Alice'), ('age', 20)])

2）使用 for 循环取所有的键值对。

```
for key, value in info_dict.items():
print(key, '-', value)
```
结果为：
name - Alice
age - 20

2. 字典的修改

● 修改值。

```
info_dict = {'name': 'Alice', 'age': 20}
info_dict['name'] = 'Bob'   # 给键重新赋值
print(info_dict)
结果为：{'name': 'Bob', 'age': 20}
```

给键重新赋值，实现修改键对应的值。

● 修改键。

Python 并没有直接对键的修改，字典的键是不可变的，所以不能直接修改。Python 字典对键的修改是通过删除旧的键值对，再添加新的键值对实现的。

3. 字典的添加

● 添加/修改键值对。

1）dictname[key] 直接添加/修改键值对。

```
info_dict = {'name': 'Alice', 'age': 20}
info_dict['hight'] = 170
print(info_dict)
结果为：{'name': 'Alice', 'age': 20, 'hight': 170}
```

2）dictname.update（newdict）添加/修改键值对。

```
info_dict = {'name': 'Alice', 'age': 20}
info_dict.update({'hight': 170})
print(info_dict)
结果为：{'name': 'Alice', 'age': 20, 'hight': 170}
```

上述两种方法，可以作为字典添加键值对的方法，也可以作为字典修改键值对的方法。

注意：使用 update 方法，可以同时更新多个键值对。

举例：

```
info_dict1 = {'name': 'Alice', 'age': 20}
info_dict2 = {'address': 'China', 'Tel': 13579}
info_dict1.update(info_dict2)
print(info_dict1)
结果为 {'name': 'Alice', 'age': 20, 'address': 'China', 'Tel': 13579}
```

4. 元组的删除

● 删除键值对。

1）del dictname[key] 方法。

```
info_dict1 = {'name': 'Alice', 'age': 20}
del info_dict1['age']
print(info_dict1)
结果为：{'name': 'Alice'}
```

2）dictname.pop（key）方法。

```
info_dict1 = {'name': 'Alice', 'age': 20}
info_dict1.pop('age')
print(info_dict1)
结果为：{'name': 'Alice'}
```

del 方法删除字典键的同时，也会删除对应的值；
pop 方法返回指定删除键所对应的值。

【小结】

字典应用小结见图 1-22。

图 1-22　字典应用小结

(三) 字典的特征

字典的主要特征及解释见表 1-4。

表 1-4　字典的主要特征及解释

主要特征	解释
字典是任意数据类型的无序集合	列表、元组通常会将索引值 0 对应的元素称为第一个元素，而字典中的元素是无序的
字典是可变的，并且可以任意嵌套	字典可以在原处增长或者缩短（无须生成一个副本），并且它支持任意深度的嵌套，即字典存储的值也可以是列表或其他的字典

续表

主要特征	解释
字典中的键必须唯一	字典中，不支持同一个键出现多次，否则只会保留最后一个键值对
字典中的键必须不可变	字典中的键是不可变的，只能使用数字、字符串或者元组，不能使用列表、字典、集合
通过键而不是通过索引来读取元素	字典类型有时也称为关联数组或者散列表（hash）。它是通过键将这一系列的值联系起来的，这样就可以通过键从字典中获取指定项，但不能通过索引来获取

七、Python 集合

（一）Python 集合类型

1．集合是什么

集合（Set），与数学中的集合概念类似。集合是由任意个无序不重复元素组成，即集合中的元素都是唯一的，互不相同，没有先后顺序。集合也支持交集、差集、对称差分等数学运算。

2．集合如何定义

Python 集合的构成形式为：{value1，value2，value3... }。

```
basket = {'apple', 'orange', 'pear', 'banana'}
```

创建集合有三种方式：
1）使用花括号创建。

```
basket = {'apple', 'orange', 'pear', 'banana'}
```

2）使用 set（）函数创建。

```
con = set('abracadabra')
con 实际表示的集合为 {'a', 'b', 'c', 'd', 'r'}
```

3）使用 set（）函数创建空集合。

```
basket = set( )   # 创建集合
basket = { }   # 创建字典
```

注意：创建集合时，重复元素都会被自动去重。
创建空集合，必须使用 set（）函数，不能使用 { }，后者创建一个空字典。
举例：
1）数字集合。

```
set1 = {1, 2, 5, 4, 3, 2, 1}
print(set1)
结果为：{1, 2, 3, 4, 5}
```

特性：不重复，重复元素自动去重；自动排序，集合自动从小到大排序；无序，不能指定固定顺序。

2）空集合。

```
set2 = {}
print(type(set2))
结果为：<class 'dict'>

set3 = set( )
print(type(set3))
结果为：<class 'set'>
```

3. 集合的特征

集合的特征见表 1-5。

表 1-5 集合的特征

主要特征	解释
集合是可变的容器	集合内元素可以进行增删改
集合是无序的存储结构	集合内数据没有先后顺序，不能使用索引
集合中元素是不可变的	集合中元素的类型必须是不可变类型，即元素可以是数字类型、字符串类型、元组类型
集合内元素是唯一的	集合元素没有重复值，任何时候加入的重复元素都会被自动去重、过滤

（二）集合的操作

1. 集合的访问

集合是无序的，因此无法使用索引进行访问，可以使用循环语句进行访问，这里使用 for 循环语句。实际应用中，集合很少需要全部访问，常用作关系运算和去重。

1）使用 for 循环，访问集合的值。

```
set1 = {1, 2, 3, 4, 5}
for i in set1:
    print(i)
结果为：
1
2
3
4
5
```

2）使用成员运算符 in 进行。

```
5 in set1
```
结果为：
True

2. 集合的添加

1）使用 add（）方法直接添加。

```
set1 = {1, 2, 3, 4, 5}
set1.add(6)
print(set1)
```
结果为：{1, 2, 3, 4, 5, 6}

2）使用 update（）方法添加多个。

```
set1 = {1, 2, 3, 4, 5}
set1.update({6, 7})
print(set1)
```
结果为：{1, 2, 3, 4, 5, 6, 7}

3. 集合的删除

● 删除元素。

1）remove（）函数。

（1）删除已有的值。

```
set1 = {1, 2, 3, 4, 5}
set1.remove(5)
print(set1)
```
结果为：{1, 2, 3, 4}

（2）删除不存在的值（系统报错）。

```
set1 = {1, 2, 3, 4, 5}
set1.remove(9)
print(set1)
```

```
KeyError                    Traceback (most recent call last)
<ipython-input-18-00e7cb96b759> in <module>
      1 set1 = {1, 2, 3, 4, 5}
----> 2 set1.remove(9)
      3 print(set1)

KeyError: 9
```

2) discard()函数
(1)删除已有的值。

```
set1 = {1, 2, 3, 4, 5}
set1.discard(5)
print(set1)
结果为：{1, 2, 3, 4}
```

(2)删除不存在的值。

```
set1 = {1, 2, 3, 4, 5}
set1.discard(9)
print(set1)
结果为：{1, 2, 3, 4, 5}
```
remove 和 discard 都可以删除集合已有元素；
remove 删除集合不存在的元素会报错；discard 删除集合不存在的元素不会报错。

3) pop()函数。

```
set1 = {1, 2, 3, 4, 5}
set1.pop()
print(set1)
结果为：{2, 3, 4, 5}
```

4) clear()函数。

```
set1 = {1, 2, 3, 4, 5}
set1.clear()
print(set1)
结果为：set()
```
pop()方法删除纯数字集合自动排序后的最小元素，随机删除非数字集合中的一个元素；
clear()方法清空集合所有元素。

(三)集合的运算符
对 Python 集合类型，也有一些适用的运算符，可对集合进行操作或判断，如图 1-23 所示。

操作符	描述	实例	输出
&	计算交集	{1,2} & {1}	{1}
|	计算并集	{1,2} | {3}	{1, 2, 3}
-	计算补集	{1,2,3} - {3,4}	{1, 2}
^	对称补集 s1 ^ s2 等价于 (s1 - s2) | (s2 - s1)	{1,2,3} ^ {3,4}	{1, 2, 4}
>	超集,如果s1是s2的超集,s1>s2,返回True,否则返回False	{1,2,3} > {3}	True
<	子集,如果s1是s2的子集,s1<s2,返回True,否则返回False	{1,2,3} < {3,4}	False
==	集合的相等,s1 == s2,表达式为真,返回True,否则返回False	{0} == {3,4}	False
!=	集合不等	{0} != {3,4}	True
in	成员运算符,在集合内为真,返回True,否则返回False	2 in {3,4}	False
not in	成员运算符,不在集合内为真,返回True,否则返回False	2 not in {3,4}	True

图 1-23　集合的运算符

任务实战

任务描述

学习集合的创建、访问、修改、添加、删除。
学习集合的运算符。
学习集合的方法。
使用集合的运算符对基金持股进行分析。

● 任务一：集合的基础操作

1. 定义集合

1）定义空集合。

参考代码：

```
con = set()
print(type(con))
```

2）定义本学期所有课程的集合。

参考代码：

```
con = {"数学", "语文", "英语", "体育"}
print(con)
```

2. 访问集合

使用 for 循环遍历较小的集合。

参考代码：

```
for i in con:
    print(i)
```

3. 添加元素

1）使用 add 给 con 添加元素"历史"。

2）使用 update 添加元素"物理"。

参考代码：
con.add("历史")
print(con)
con.update({"物理"})
print(con)

4. 删除元素

1）使用 remove 删除元素"历史"。

2）使用 discred 删除元素"物理"。

参考代码：
con.remove("历史")
print(con)
con.discard("物理")
print(con)

● **任务二**：集合的运算符和方法

1. 使用 Python 集合运算符，比较 con 与 con1 两个集合

con ＝ {"数学"，"语文"，"英语"，"体育"}

all ＝ {"数学"，"语文"，"英语"，"体育"，"物理"，"历史"}

1）计算交集。

2）计算并集。

3）计算补集。

4）判断是否是超集。

5）判断是否是子集。

6）判断是否相等。

7）判断 "Python" 是否在集合 all 里。

参考代码：
print(all&con)
print(all|con)
print(all-con)
print(all>con)
print(all<con)
print(all == con)
print("Python"in all)

2. 适用于集合的方法

num ＝ {1, 2, 3, 7, 6, 90}

1）求集合 mun 的最大值、最小值、元素个数。

2）给集合 num 新增元素 6，查看是否增加成功。

3）给集合 num 新增集合 {33，55}。

4）求集合 num 中所有数字之和。

参考代码：
max(num)
min(num)

```
len(num)
num.add(6)
print(num)
num.update({33, 55})
print(num)
print(sum(num))
```

● **任务三：对基金持股的分析**

股票型基金又称股票基金，是指投资于股票市场的基金，其股票仓位不能低于80%。表1-6列出两只基金截至2020年6月30日更新的股票前15持仓。

表1-6 2020年6月30日更新的股票前15持仓情况

东方新能源汽车混合（400015）		汇添富中证新能源汽车A（501057）	
股票名称	占净值比例	股票名称	占净值比例
亿纬锂能	5.54%	宁德时代	8.05%
宁德时代	5.26%	比亚迪	7.75%
比亚迪	5.26%	亿纬锂能	5.26%
三花智控	5.20%	赣锋锂业	4.90%
恩捷股份	4.84%	汇川技术	4.72%
赣锋锂业	4.83%	三花智控	4.70%
汇川技术	4.45%	华友钴业	3.20%
先导智能	4.30%	恩捷股份	3.18%
宏发股份	4.04%	洛阳钼业	3.12%
国轩高科	4.04%	先导智能	2.94%
天齐锂业	3.64%	中航光电	2.72%
格林美	3.27%	国轩高科	2.56%
新宙邦	3.21%	欣旺达	2.51%
璞泰来	3.11%	天齐锂业	2.45%
杉杉股份	2.92%	格林美	2.30%
前15持仓占比合计	63.91%	前15持仓占比合计	60.36%

如果你是一名证券分析师助理，使用Python的元组能做怎样的分析呢？

首先我们从表1-6提取股票名称信息，将其转换为Python元组。

Fund_400015 = {"亿纬锂能","宁德时代","比亚迪","三花智控","恩捷股份","赣锋锂业","汇川技术",

"先导智能","宏发股份","国轩高科","天齐锂业","格林美","新宙邦","璞泰来","杉杉股份"}

Fund_501057 = {"宁德时代","比亚迪","亿纬锂能","赣锋锂业","汇川技术","三花智控","华友钴业",

"恩捷股份","洛阳钼业","先导智能","中航光电","国轩高科","欣旺达","天齐锂业","格林美"}

1. 对比表1-6中两只基金前15持仓中有哪些股票是相同的？
参考代码：

```
# & 计算集合的交集
print(Fund_400015 & Fund_501057)
```

2. 对比表1-6中两只基金前15持仓中有哪些股票是不同的？
参考代码：

```
# - 计算集合的差集
print(Fund_400015 - Fund_501057)
# - 计算集合的差集
print(Fund_501057 - Fund_400015)
```

3. 表1-6中两只基金前15持仓中共持有哪些股票？
参考代码：

```
# | 计算集合的并集
print(Fund_501057 | Fund_400015)
```

随堂测验

1. Python字典的构成形式为（ ）。（单选题）
 A. {key1：value1，key2：value2}
 B. ［key1：value1，key2：value2］
 C. {'key1：value1'，'key2：value2'}
 D. ［'key1：value1'，'key2：value2'］

2. 返回字典中的所有值为（ ）。（单选题）
 A. str（obj） B. dict.get（key，default=None）
 C. dict.items（） D. dict.values（）

3. 列表的删除方式不包括（　　）。（单选题）

A. 按索引删除 　　　　　　　　　　　B. 按元素内容删除

C. 清空列表 　　　　　　　　　　　　D. 按元素类型删除

4. del 方法与 pop 方法删除键值对的各自特点为（　　）。（多选题）

A. del 方法删除字典键的同时，也会删除对应的值

B. del 方法删除字典键的同时，不会删除对应的值

C. pop 方法返回指定删除键所对应的值

D. pop 方法删除字典键的同时，也会删除对应的值

5. 正确的变量命名规则为（　　）。（多选题）

A. 只能由数字（0～9）、字母（a～z，A～Z）、下划线（_）组成

B. 标识符不能和 Python 中的关键字相同

C. Python 中的标识符中，不能包含空格、@、?、%、$ 等特殊字符

D. 可以数字开头

6. Python 用数字类型来描述数值型的数据，支持（　　）三种不同类型的数值。（多选题）

A. 整型 　　　　　　　　　　　　　　B. 浮点型

C. 复数 　　　　　　　　　　　　　　D. 负数

7. 以下有关浮点数格式化输出 %f 正确的为（　　）。（多选题）

A. %f 表示浮点数格式化，默认保留六位小数

B. .2 表示小数点后保留两位

C. 严格四舍五入

D. 并非严格四舍五入

8. 元组的特点为（　　）。（多选题）

A. 使用（　）表示；仅一个元素时，末尾加，

B. 不可修改、添加、删除内部元素

C. 大小固定，性能略高

D. 元组内元素可以重复

9. Python 并没有直接对键的修改，字典的键是不可变的，所以不能直接修改。（　　）（判断题）

对

错

10. 集合，与数学中的集合概念类似。集合是由任意个无序不重复元素组成，即集合中的元素都是唯一的，互不相同，没有先后顺序。集合也支持交集、差集、对称差分等数学运算。（　　）（判断题）

对

错

参考答案：

1～3. ADD 4. ACD 5. ABC 6. ABC 7. ABD 8. ABCD 9. 对 10. 对

第二章 Python 应用之往来信息管理

CHAPTER 2

学习目标

○ 熟悉注释、续行符、变量命名、数字类型、字符串等的用法。
○ 掌握 Python 的 print 输出语句、input 输入语句的用法。
○ 熟悉 Python 内置函数的使用。
○ 熟悉 Python 列表的定义、函数与方法。
○ 掌握 Python 字典的定义、函数及方法。
○ 了解列表与字典的嵌套使用。

第一节 往来员工信息管理

案例导入

员工信息管理

公司简介：

欢迎来到广东美迪电器制造有限公司，本公司创建于 2008 年 4 月，位于广东省深圳市东凤镇美和穗工业园西区 128 号，是集研发、生产、销售、服务为一体的加湿设备专业制造商。目前注册资本 1000 万元，2017 年营业收入 900 多万元，连续三年营业收入增长 10%以上，其主营产品"美迪加湿器"为国内名牌产品。

公司地址：广东省深圳市东凤镇美和穗工业园西区 128 号
公司法人：佘峰
纳税人识别号：91440300708461136T
开户行：中国工商银行深圳东凤支行
银行账号：955807863010781
公司组织架构：

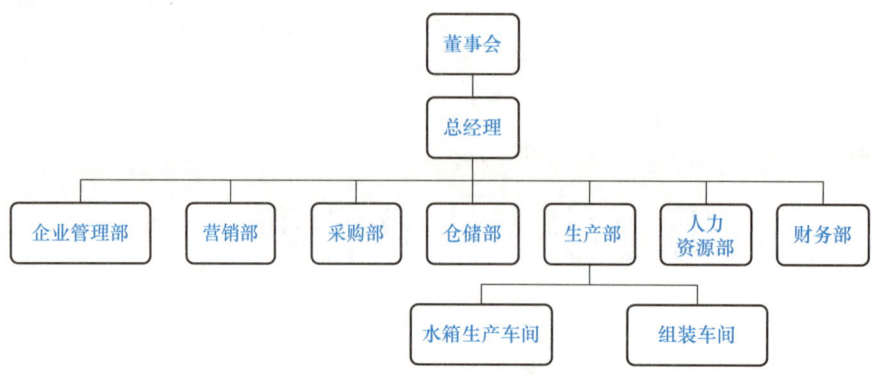

财务部门人员信息：

部门	员工姓名	职位
财务部	钱丹	财务经理
	赵晓阳	出纳
	王菁	税务会计
	程实	成本会计
	高敏	财务会计
	李小新	实习生

财务会计高敏听说 Python 是当下最流行的大数据技术之一，于是下决心好好学习 Python 来提升自身的职业技能，为自己从传统的核算财务转向业务财务或战略财务奠定坚实的基础。为了让自己的 Python 学习更加轻松有趣，高敏打算一边学习，一边结合自己工作的场景来编写一些小程序。高敏日常处理薪资业务中经常接触员工的相关信息，她打算从员工信息入手开始自己的 Python 之旅。

● **任务一：输出员工信息**

财务会计高敏希望在学完 Python 课程后，能够利用 Python 开发小程序帮助人力资源部门改善员工信息的管理。鉴于目前才刚刚开始对 Python 的学习，高敏给自己制定了一个小目标：用不同的方法将员工信息表正确地输入到电脑。为此，她找人力资源部经理要来部分的员工信息资料，如表 2-1 所示。

表 2-1 部分员工信息（1）

员工编码	一级部门	员工姓名	职位	性别	年龄	工龄	基本工资
1003	人力资源部	胡然	人力资源经理	女	45 岁	20 年	5000 元
1006	财务部	钱丹	财务部经理	女	37 岁	15 年	5000 元
1011	营销部	周进	营销部经理	男	41 岁	19 年	5000 元

为了实现用不同的方法打印员工信息的阶段学习目标，高敏将任务具体分解如下：

1)请打印出"胡然"的姓名。
2)请打印出"胡然"的基本工资。
3)请打印出"胡然"的员工编码。
4)请打印出以下一句话:"胡然"是人力资源经理。
5)请按格式打印出以下三句话:人力资源经理是:胡然;财务部经理是:钱丹;营销部经理是:周进。
6)请打印出以下内容:钱丹是财务部经理,员工编码1006,性别"女",年龄37。

● 任务二:分析员工信息

通过上一个任务的学习,高敏掌握了多种方式来打印员工的信息,可以说收获满满,对学好Python充满了信心。有了前面的小试牛刀,高敏决定对员工信息进行整理分析,从中提取一些有用的信息。这次她找来了财务部的员工信息,如表2-2所示。

表2-2 部分员工信息(2)

员工编码	员工姓名	职位	性别	身份证号	手机号	邮箱
1006	钱丹	财务部经理	女	210110197605066606	13910898988	500236712@qq.com
1007	赵晓阳	出纳	女	220123199209086607	17610898989	500236812@qq.com
1010	高敏	财务会计	女	320116198503056610	18010898992	500236912@qq.com

结合Python字符串操作的相关知识,高敏打算完成以下几个具体任务目标:
1)利用人机交互方式输入"钱丹"的姓名与身份证号。
2)判断钱丹的身份证号码长度是否正确。
3)从钱丹身份证号码中提取出生日期,并打印出:钱丹的出生日期是1976年05月06日。
4)从输入的赵晓阳邮箱中把QQ号码分离出来。
5)用@号把赵晓阳的QQ账号拼接成邮箱。
6)统计高敏的手机号码中有几个"8"。
7)以下是美迪公司财务部员工的清单。

list_MD = ["钱丹","赵晓阳","高敏"]

请让用户输入一个人的姓名,如果此姓名在员工清单中,打印:××是财务部员工。否则打印:××不是财务部员工。

一、输出员工信息

● 任务一:打印单行员工信息
任务描述
根据案例中给定的员工信息表,完成如下操作:

- 请打印出"胡然"的姓名。
- 请打印出"胡然"的基本工资。
- 请打印出"胡然"的员工编码。
- 请打印出以下一句话:"胡然"是人力资源经理。

操作步骤
参考代码:
#1.请打印出"胡然"的姓名
参考代码:
print('胡然')
#2.请打印出"胡然"的基本工资
提示:胡然的基本工资为5000
参考代码:
print(5000)
#3.请打印出"胡然"的员工编码
提示:胡然的员工编码为1003
参考代码:
print("1003")
#4.请打印出这一句话:"胡然"是人力资源经理。
提示:完整打印出胡然姓名两边的双引号。
参考代码:
print('"胡然"是人力资源经理。')

- **任务二:打印多行员工信息**

任务描述
请按格式打印出以下三句话:
人力资源经理是:胡然。
财务部经理是:钱丹。
营销部经理是:周进。

操作步骤
使用三引号或换行符实现多行员工信息的输出。
请按格式打印出以下三名话:(知识技能点:换行符与三引号的应用)
人力资源经理是:胡然。
财务部经理是:钱丹。
营销部经理是:周进。
参考代码:
#方法一
# 提示:添加 \n 换行符号,在每句话的结尾。
print('人力资源经理是:胡然 \n 财务部经理是:钱丹 \n 营销部经理是:周进')
#方法二
# 提示:使用三引号(三个单引号或三个双引号),定义多行字符串。
print('''人力资源经理是:胡然财务部经理是:钱丹营销部经理是:周进''')

● **任务三：打印员工的多种信息**

任务描述

请打印出以下内容：

钱丹是财务部经理，员工编码1006，性别"女"。

操作步骤

参考代码：

```
# 第一种方法（知识技能点：直接输出，同字符串的输出方法)
print('钱丹是财务部经理,员工编码1006,性别"女"')
# 第二种方法（知识技能点：利用变量赋值来打印员工信息表的内容（变量、变量的赋值、变量命名规则))
staffName = '钱丹'    # 定义员工姓名
post = '财务部经理'    # 定义员工岗位
staff_number = 1006    # 定义员工编码
sex = '"女"'    # 定义员工性别
doc = ","    # 定义逗号字符
print(staffName, '是', post, doc, '员工编码', staff_number, doc, '性别', sex, '。')
# 第三种方法（知识技能点：print函数"+"用法）
print(staffName + '是' + post + doc + '员工编码' + str(staff_number) + doc + '性别' + sex + '。')
# 第四种方法（知识技能点：print函数f-string用法）
print(f'{staffName}是{post},员工编码{staff_number},性别"{sex}"。')
```

总结：第一、第二、第三种方法比较烦琐，第四种方法是我们常用的方式，定义输出内容的模板，使用格式化的方式传入变量参数，灵活输入想要的内容。

二、管理员工信息

任务实战

● **任务一：员工身份证信息提取**

任务描述

根据案例中美迪公司财务部的员工信息，完成如下操作：

● 利用人机交互方式输入"钱丹"的姓名与身份证号。

● 判断钱丹的身份证长度是否正确。

● 从钱丹身份证号码中提取出生日期，并打印出：钱丹的出生日期是1976年05月06日。

操作步骤

参考代码：

```
#1.利用人机交互方式输入"钱丹"的姓名与身份证号(知识技能点：input()函数、sep参数)
name = input("请输入员工姓名：")    # 使用input函数获取用户输入的员工姓名
```

```
ID_NUMBER = input("请输入身份证号码：")    #使用input函数获取用户输入的身份证号码
print("员工姓名："+ name,"身份证号码："+ ID_NUMBER, sep = "\n")    #设置sep参数，设置内容分隔符号
#2.判断钱丹的身份证长度是否正确（知识技能点：len()函数，bool值）
len_id = len(ID_NUMBER)    #获取之前输入的身份证字符串的长度
if len_id != 18:    #判断身份证是否为18位
    print("您输入的身份证号码长度不正确！")
else:    #非法身份证号执行else语句
    print("您输入的身份证号码长度正确！")
#3.从钱丹身份证号码中提取出生日期，并打印出：钱丹的出生日期是1976年05月06日（知识技能点：字符串切片）
birthday = ID_NUMBER[6:14]    #使用切片法，获取身份证的第4～14位，该内容为出生年月日信息
print(birthday)
year = birthday[:4]    #获取出生年月日的前四位信息，即出生的年份
month = birthday[4:6]    #获取出生年月日的第5～6位信息，即出生的月份
day = birthday[6:8]    #获取出生年月日的第7～8位信息，即出生的日期
print("钱丹的出生日期是：", year, "年", month, "月", day, "日")
```

- **任务二：员工邮箱与手机号信息提取**

任务描述
- 从输入的赵晓阳邮箱中把QQ号码分离出来。
- 用@号把赵晓阳的QQ账号拼接成邮箱。
- 统计高敏的手机号码中有几个"8"。

操作步骤
参考代码：
1. 从输入的赵晓阳邮箱中把QQ号码分离出来（知识技能点：split()函数）
```
MAIL = "500236812@qq.com"
LIST1 = MAIL.split("@")    #使用split函数以"@"作为分隔符号，分隔MAIL字符串内容，返回列表
print("赵晓阳的QQ账号是：", LIST1[0])    #LIST1不能用小写，大小写是不同的两个变量
```
2. 用@号把赵晓阳的QQ账号拼接成邮箱（知识技能点：join()函数）
```
mail = "@".join(LIST1)    #使用join方法，将列表多个元素用"@"符号逐一连接起来，变成一个字符串
print(f"该员工的邮箱地址是：{mail}")
```
3. 统计高敏的手机号码中有几个8（知识技能点：count()函数）
```
PHONE_NUMBER = input("请输入高敏的电话号码：")
num = PHONE_NUMBER.count("8")
print(f"高敏的手机号码中有{num}个8。")
```

● **任务三：员工信息列表创建与判断**

任务描述

以下是美迪公司财务部员工的清单：

list_MD=["钱丹","赵晓阳","高敏"]#请让用户输入一个人的姓名，如果此姓名在员工清单中，打印：××是财务部员工。否则打印：××不是财务部员工。

操作步骤

参考代码：

```
list_MD=["钱丹","赵晓阳","高敏"]
Name=input("请输入查询姓名:")
if Name in list_MD:    #使用成员运算符in判断Name在不在list_MD
    print(f"{Name}是财务部员工。")
else:
    print(f"{Name}不是财务部员工。")
```

第二节　往来客户信息管理

案例导入

客户信息管理

● **任务一：管理应收款信息**

广东美迪电器制造有限公司2020年9月初的应收账款数据如表2-3所示。

表2-3　2020年9月初的应收账款数据　　　　　　　　　　　　　单位：元

订单号	单据编号	业务日期	客户	部门	业务员	币种	金额
10234450667	40056320	2020/4/1	北京美迪电器销售有限公司	营销部	张猛	人民币	265444.00
10234450125	40040321	2020/5/5	长沙家宁电器销售有限公司	营销部	李区	人民币	159570.00
10234450036	40032126	2020/6/31	上海达华电器销售有限公司	营销部	干春	人民币	134384.00
10234450693	40057193	2020/7/2	南京舒宁电器销售有限公司	营销部	饶明	人民币	110362.00
10234450754	40058428	2020/8/20	北京美迪电器销售有限公司	营销部	张猛	人民币	193284.00
合计							863044.00

公司财务部经理钱丹安排实习生李小新管理应收账款信息：

1）把漏记的一笔记录添加到应收账款金额记录中，漏记的记录见表2-4。

表2-4　漏记的记录　　　　　　　　　　　　　　　　　　　　单位：元

订单号	单据编号	业务日期	客户	部门	业务员	币种	金额
10234450889	40058152	2020/8/11	北京美迪电器销售有限公司	营销部	张猛	人民币	130250.00

2）经查对，表 2-5 列示的应收账款已经于 2020 年 8 月 5 日收到，应该核销（在账簿中删除其记录）。

表 2-5　应核销记录　　　　　　　　　　　　　　　　　　　　　单位：元

订单号	单据编号	业务日期	客户	部门	业务员	币种	金额
10234450667	40056320	2020/4/1	北京美迪电器销售有限公司	营销部	张猛	人民币	265444.00

3）统计 2020 年 9 月初美迪公司应收账款账面总金额（列表元素合计 sum（）函数）。

4）统计 2020 年 9 月初美迪公司应收账款一共有多少笔（统计列表元素个数 len（）函数）。

5）把 2020 年 9 月初美迪公司应收账款按金额的大小进行排序（列表元素排序 sorted 方法）。

6）把 2020 年 9 月初美迪公司应收账款中最大和最小的金额打印出来（列表 max（）函数、列表 min（）函数）。

7）把 2020 年 9 月初美迪公司应收账款中金额最大的两笔打印出来（结合 sorted 方法和列表切片）。

8）计算 2020 年 9 月初美迪公司应收账款的平均金额（遍历列表，for 语句）。

请帮助他使用 Python 实现以上管理需求。

● **任务二：管理客户信息**

客户信息见表 2-6。

表 2-6　客户信息（1）

客户公司名称	联系人及电话
北京美迪电器销售有限公司	张明 18902365896
山东精益经贸有限公司	李清 13809879002
天津世达贸易公司	张一霖 13602236559
郑州国润科技有限公司	赵蓓 13430098768
杭州威尚电器有限公司	肖怡 13709945117
上海科井电器有限公司	黄轩翰 13922346678
宿迁大野电子商务有限公司	邓子月 13945568123

公司营销部销售专员白勇平时需要管理客户联系人及联系电话的信息，为提高管理客户信息的效率，他总结出以下日常客户信息管理情境：

1）按公司名查找联系人与联系电话，比如：打印出"天津世达贸易公司"的联系人及电话（访问字典中指定键的值）。

2）添加客户信息，包括的字段有：公司名、联系人与联系电话（添加字典中的键值对，直接赋值）。

添加以下信息（见表 2-7）：

表 2-7　添加客户信息

客户公司名称	联系人及电话
广州宁达电器销售有限公司	姚庭 13922365856

3）删除客户信息（删除字典中指定的键值对 dcl（ ）函数）。
删除以下信息（见表 2-8）：

表 2-8　删除客户信息

客户公司名称	联系人及电话
上海科井电器有限公司	黄轩翰 13922346678

4）统计当前客户数量（字典 len（ ）函数）。
5）一次性打印所有公司名称（字典 key 方法）。
6）一次性打印所有联系人的姓名及电话（字典 values 方法）。
7）一次性打印所有的公司名及联系人信息（字典 items 方法）。
8）查找到不存在的公司联系信息时，得到"公司不存在！"的信息反馈（字典 get（ key，default）方法）。

请帮助他使用 Python 实现以上管理需求。

● **任务三：开发客户通讯录**

客户信息见表 2-9。

表 2-9　客户信息（2）

客户公司名称	联系人	联系电话	Email
北京美迪电器销售有限公司	张明	18902365896	61359328@qq.com
山东精益经贸有限公司	李清	13809879002	54788261@qq.com
天津世达贸易公司	张一霖	13602236559	3615049@qq.com
郑州国润科技有限公司	赵蓓	13430098768	14167906@qq.com
杭州威尚电器有限公司	肖怡	13709945117	67841329@qq.com
上海科井电器有限公司	黄轩翰	13922346678	69755810@qq.com
宿迁大野电子商务有限公司	邓子月	13945568123	24624988@qq.com

美迪公司客户信息管理一直比较混乱，并且提取、修改客户信息等效率比较低，今天公司营销部经理周进安排销售专员白勇想办法提高客户信息的管理效率。白勇总结出以下日常客户信息管理情境，他希望编写一个 Python 小程序给大家，方便大家进行客户信息管理（字典嵌套列表）。

首先，白勇根据公司日常客户信息管理的需要，梳理出程序需要具备的功能为：
1）查找　　2）添加　　3）删除　　4）修改　　5）退出

即用户进入程序后，可以进行客户信息查找、添加、删除和修改，直到用户希望退出程序时才结束程序。

其次，白勇绘制程序流程图以具体化程序需要。
最后，白勇编写代码实现每一项功能，具体功能要求如下：
1）查找
用户输入"公司名"后，打印出该公司联系人、联系电话及 Email（访问字典中指定键的值）。

2）添加

接受用户添加客户信息，包括：公司名、联系人、联系电话、Email（添加字典的键值对）。

3）删除

用户输入公司名，即可删除该公司客户的信息（删除字典中的键值对（字典 del））。

4）修改

用户可以对客户信息进行两方面的修改：

①修改客户信息中的公司名称。

②修改客户信息中除公司名称外的其他信息，比如联系人、联系电话、Email（修改字典的值 dict［key］=new values）。

5）退出

当用户输入 5 时退出程序（while 循环，预先给出）。

一、管理应收款信息

任务实战

●任务一：创建应收账款信息

任务描述

公司财务部经理钱丹安排实习生李小新管理应收账款信息。工作操作流程如下：

1）创建应收账款金额的列表。

2）将列表中第 2～3 个元素更改为 15000、165800。

3）统计 2020 年 9 月初美迪公司应收账款账面总金额。

操作步骤

参考代码：

```
#1.创建应收账款金额的列表
ls =［265444.00, 159570.00, 134384.00, 110362.00, 193284.00］
print(f'美迪公司2020年9月初应收账款为：{ls}。\n')


#2.将列表中第2～3个元素更改为15000、165800
print(ls)
ls[1: 3] =［150000, 165800］
print(ls)


#3.统计2020年9月初美迪公司应收账款账面总金额（知识技能点：对列表元素求和 sum 函数）
sum_08 = sum(ls)
print(f'2020年9月初美迪公司应收账款账面总金额为：{sum_08}。\n')
```

●任务二：应收账款信息统计 1

任务描述

1）统计 2020 年 9 月初美迪公司应收账款一共有多少笔。

2）把 2020 年 9 月初美迪公司应收账款按金额从大到小进行排序。

3）把2020年9月初美迪公司应收账款中金额最大和最小的金额打印出来。

4）把漏记的一笔记录添加到应收账款金额记录中。

操作步骤

参考代码：

```
#1.创建应收账款金额的列表
ls=[265444.00, 159570.00, 134384.00, 110362.00, 193284.00]

#2.统计2020年9月初美迪公司应收账款账面总金额（知识技能点：对列表元素求和sum函数）
sum_08=sum(ls)
print(f'2020年9月初美迪公司应收账款账面总金额为：{sum_08}。\n')

#3.统计2020年9月初美迪公司应收账款一共有多少笔（知识技能点：求列表长度len函数）
count_08 = len(ls)
print(f'2020年9月初美迪公司应收账款一共有{count_08}笔。\n')

#4.把2020年9月初美迪公司应收账款按金额从大到小进行排序（知识技能点：列表降序排序sorted函数）
#方法一
sort_08 = sorted(ls, reverse = True)
print(f'2020年9月初美迪公司应收账款按金额从大到小进行排序为{sort_08}。\n')

#方法二（知识技能点：反转列表reverse方法）
#使用列表函数sorted(ls)和列表方法ls.reverse()对列表元素进行升序排序
sort_09 = sorted(ls)
sort_09.reverse()
print(f'2020年9月初美迪公司应收账款按金额从大到小进行排序为{sort_09}。\n')
```

● **任务三：应收账款信息统计2**

任务描述

1）经查对，下述应收账款已经于2020年8月5日收到，应该核销（在账簿中删除其记录）。

2）把2020年9月初美迪公司应收账款中金额最大的两笔打印出来。

3）计算2020年9月初美迪公司应收账款的平均金额。

操作步骤

参考代码：

```
#创建应收账款金额的列表
ls = [265444.00, 159570.00, 134384.00, 110362.00, 193284.00]

#1.经查对，经查对，265444元应收账款已经于2020年8月5日收到，应该核销（在账簿中删除其记录）。
ls.remove(265444)
print(f'核销后美迪公司2020年9月初应收账款为：{ls}。\n')

#2.把2020年9月初美迪公司应收账款中金额最大的两笔打印出来
```

```python
# 方法一：
sort_08 = sorted(ls, reverse = True)
top2 = sort_08[0: 2]
print(f'2020年9月初美迪公司应收账款中最大的两笔金额为{top2}。\n')

# 方法二：使用列表函数 sorted(ls) 和列表方法 ls.reverse() 对列表元素进行升序排序
sort_09 = sorted(ls)
sort_09.reverse()
print(f'2020年9月初美迪公司应收账款按金额从大到小进行排序为{sort_09}。\n')

#3.计算2020年9月初美迪公司应收账款的平均金额
# 方法一：使用列表函数 sum(ls) 和 len(ls) 求列表元素的平均数
avn = sum(ls) / len(ls)
print(f'2020年9月初美迪公司应收账款的平均数是{avn}。\n')

# 方法二：使用 for 循环计算平均数
sum1 = 0                    # 变量 sum1 用于记录元素累计值
count1 = 0                  # 变量 count1 用于记录元素数量
for i in ls:                # 遍历 ls
    sum1 += i               # 把 ls 每一个元素累加到 sum1 中
    count1 += 1             # 每循环一次 count1 增加 1
ave1 = sum1 / count1
print(f'2020年9月美迪公司应收账款平均金额为{ave1}。\n')
```

二、管理客户信息

任务实战

● 任务一：客户信息管理

任务描述

公司营销部销售专员白勇平时需要管理客户联系人及联系电话的信息，为提高管理客户信息的效率，他总结出以下日常客户信息管理情境：

1）按公司名查找联系人与联系电话。
2）添加客户信息，包括的字段有：公司名、联系人与联系电话。
3）删除客户信息。
4）统计当前客户数量。

操作步骤

参考代码：

```python
# 创建客户信息字典
client_info = {
```

```
    '北京美迪电器销售有限公司':'张明18902365896',
    '山东精益经贸有限公司':'李清13809879002',
    '天津世达贸易公司':'张一霖13602236559',
    '郑州国润科技有限公司':'赵蓓13430098768',
    '杭州威尚电器有限公司':'肖怡13709945117',
    '上海科井电器有限公司':'黄轩翰13922346678',
    '宿迁大野电子商务有限公司':'邓子月13945568123' }
#1.按公司名查找联系人与联系电话
# 比如：打印出"天津世达贸易公司"的联系人及电话。（知识技能点：访问字典中指定键的值）
info = client_info['天津世达贸易公司']
print(f'天津世达贸易公司联系人及电话：{info}\n')
#2.添加客户信息，包括的字段有：公司名、联系人与联系电话（知识技能点：添加字典的键值对，赋值）
''' 比如添加以下信息：
客户公司名称              联系人及电话
广州宁达电器销售有限公司  姚庭13922365856'''
client_info['广州宁达电器销售有限公司'] = '姚庭13922365856'
print(f'添加客户后客户清单：{client_info}\n')
#3.删除客户信息          （知识技能点：删除字典中指定的键值对，del函数）
''' 比如删除以下信息：
客户公司名称              联系人及电话
广州宁达电器销售有限公司  姚庭13922365856'''
del(client_info['广州宁达电器销售有限公司'])
print(f'删除客户后客户清单：{client_info}\n')
#4.统计当前客户数量          （知识技能点：求字典的长度，len函数）
print(f'目前美迪公司有{len(client_info)}名客户。\n')
```

- **任务二：客户信息打印输出**

任务描述

1）一次性打印所有公司名称（字典key方法）。
2）一次性打印所有联系人的姓名及电话（字典values方法）。
3）一次性打印所有的公司名及联系人信息（字典items方法）。
4）查找到不存在的公司联系信息时，得到"公司不存在！"的信息反馈（字典get（key，default）方法）。

操作步骤
参考代码：
```
# 创建客户信息字典
client_info = {
    '北京美迪电器销售有限公司':'张明18902365896',
    '山东精益经贸有限公司':'李清13809879002',
    '天津世达贸易公司':'张一霖13602236559',
```

  '郑州国润科技有限公司':'赵蓓13430098768',
  '杭州威尚电器有限公司':'肖怡13709945117',
  '上海科井电器有限公司':'黄轩翰13922346678',
  '宿迁大野电子商务有限公司':'邓子月13945568123'
}
#1.一次性打印所有公司名称（知识技能点：取得字典的键，key方法）
clients = client_info.keys()
print(f'美迪公司客户清单：{list(clients)}\n')
#2.一次性打印所有联系人的姓名及电话（知识技能点：取得字典的值，values方法）
contacts = client_info.values()
print(f'美迪公司客户联系人：{list(contacts)}\n')
#3.一次性打印所有的公司名及联系人信息（知识技能点：取得字典的键和值，items方法）
cli = client_info.items()
print(f'美迪公司客户及联系人：{list(cli)}\n')
#4.查找到不存在的公司联系信息时，得到"公司不存在！"的信息反馈（知识技能点：访问字典的方法，get方法）
# 比如查找"广州宁达电器销售有限公司"
print(client_info.get('广州宁达电器销售有限公司','公司不存在！'))

三、客户信息管理程序

● 任务：制作客户通讯录小程序

任务描述

白勇希望编写一个 Python 小程序给大家，方便大家进行客户信息管理。

首先，白勇根据公司日常客户信息管理的需要，梳理出程序需要具备的功能为：
1）查找 2）添加 3）删除 4）修改 5）退出

即用户进入程序后，可以进行客户信息查找、添加、删除和修改，直到用户希望退出程序时才结束程序。

其次，白勇编写代码实现每一项功能，具体功能要求如下：

1）查找

用户输入"公司名"后，打印出该公司联系人、联系电话及 Email。

2）添加

接受用户添加客户信息，包括：公司名、联系人、联系电话、Email。

3）删除

用户输入公司名，即可删除该公司客户的信息。

4）修改

用户可以对客户信息进行两方面的修改：

① 修改客户信息中的公司名称。

② 修改客户信息中除公司名称外的其他信息，比如联系人、联系电话、Email。

5）退出

当用户输入 5 时退出程序。

操作步骤

参考代码:

```python
#1. 创建已有客户信息字典
clients_info = {
    '北京美迪电器销售有限公司':['张明','18902365896','61359328@qq.com'],
    '山东精益经贸有限公司':['李清','13809879002','54788261@qq.com'],
    '天津世达贸易公司':['张一霖','13602236559','3615049@qq.com'],
    '郑州国润科技有限公司':['赵蓓','13430098768','14167906@qq.com'],
    '杭州威尚电器有限公司':['肖怡','13709945117','67841329@qq.com'],
}
'''查找
用户输入"公司名"后,打印出该公司联系人、联系电话及Email。
#2. 创建查找函数(知识技能点:访问字典中指定键的值)
def search():
    search_comp = input('请输入待查询公司的名字:')
    if search_comp in clients_info.keys():
        print(f'你查找的公司{search_comp}的联系信息是{clients_info[search_comp]}')
        # 名字存在
    else:
        print(f'通讯录里没有{search_comp}公司。')
search()
# 接受用户添加客户信息,包括添加:公司名、联系人、联系电话、Email。
#3. 创建添加函数(知识技能点:字典嵌套列表中添加字典的键值对)
def add():
    add_comp = input('请输入要添加公司的名字:')
    if add_comp in clients_info.keys():
        print('你输入的公司已经存在!')
    else:
        add_name = input('请输入公司联系人姓名:')
        add_tel = input('请输入公司联系人电话:')
        add_email = input('请输入公司联系人电邮地址:')
        add_list = [add_name, add_tel, add_email]
        clients_info[add_comp] = add_list
        print('添加联系人成功!')
        print(clients_info)
add()
# 用户输入公司名,即可删除该公司客户的信息。
#4. 创建删除函数(知识技能点:删除字典中的键值对del函数)
def delet():
    del_name = input('请输入你要删除的公司名字:')
```

```python
        if del_name in clients_info:
            del clients_info[del_name]
            print('删除成功！')
        else:
            print('删除失败，查无此公司！')
delet()
#5.修改客户信息中的公司名称
#6.修改客户信息中除公司名称外的其他信息，比如联系人、联系电话、Email。
# 创建修改函数（知识技能点：字典与列表方法的综合使用）
def change():
    old_name = input('请输入需要修改的客户公司名字：')
    for name in list(clients_info.keys()):
        if name == old_name:
            choice = eval(input('请问需要修改什么内容? 1:公司名; 2:公司联系信息。'))
            if choice == 1:
                new_name = input('请输入新公司的名字：')
                clients_info[new_name] = clients_info.pop(old_name)
                print(f'修改后的信息为：{clients_info}')
            elif choice == 2:
                change_name = input(f'请按顺序输入{old_name}的联系人姓名：')
                change_tele = input(f'请按顺序输入{old_name}的联系人电话：')
                change_email = input(f'请按顺序输入{old_name}的联系人电邮：')
                lnv = [change_name, change_tele, change_email]
                clients_info[old_name] = lnv
                print(f'您成功修改了{old_name}的信息：{clients_info[old_name]}')
            break
        else:
            print('查无此公司！')
change()
# 创建主函数将以上函数串联起来
# 创建主函数（知识技能点：字符串输出格式format方法，函数的优点）
def main():
    # 设计程序开端
    a = '美迪公司客户通讯录程序'
    b = '1.查找  2.添加  3.删除  4.修改  5.退出'
    print('{0:=^40}'.format(a))
    print('{0:^40}'.format(b))
    print("="*51)
    # 获取用户需求
    while True:
```

```
choice = eval(input('您希望进行什么操作（1.2.3.4.5）?\n'))
if choice == 1:
    search()
elif choice == 2:
    add()
elif choice == 3:
    delet()
elif choice == 4:
    change()
elif choice == 5:
    print('{0:=^42}'.format('感谢使用通讯录程序'))
    break
main()
```

CHAPTER 3

第三章 Python 运算符及常用语句

> 📋 **学习目标**
> ○ 掌握 Python 运算符的使用。
> ○ 掌握 Python input 输入语句, print 输出语句的使用。
> ○ 掌握 Python if 条件语句, for-while 循环语句的使用。

第一节 运算符

一、算术、赋值运算符

(一)算术运算符

算术运算符也即数学运算符,用来对数字进行数学运算,比如加减乘除。表 3-1 列出了 Python 支持的所有基本算术运算符。

表 3-1 基本算术运算符

运算名称	运算符
加法	+
减法	-
乘法	*
除法	/
除法取商(向下取整数)	//
除法取余数	%
幂运算	**

(二)赋值运算符

赋值运算符可以把右侧的值传递给左侧的变量(或者常量);可以直接将右侧的值交给左侧的变

量，也可以进行某些运算后再交给左侧的变量，比如加减乘除、函数调用、逻辑运算等。Python中最基本的赋值运算符是"＝"，它能结合其他运算符组成复合赋值运算符，以达到简化表达式的目的（见表3-2、表3-3）。

表3-2 赋值运算符（1）

赋值方式	示例	含义
同一行，逗号分隔赋值语句	num1，num2= 4，5	一行同时赋值两个变量，逗号分隔
同一个值赋值给多个变量	num1 = num2 = num3 = 6	等号连接多个变量，再赋值，可以将多个变量同时赋予相同的值
交换变量（两个）	num1，num2 = num2，num1	依照变量的位置进行交换
交换变量（多个）	num1，num2，num3 = num2，num3，num1	变量被重新赋值，达到交换的目的

表3-3 赋值运算符（2）

运算符	含义	示例和说明
=	直接赋值运算符	c=a+b 将 a+b 的运算结果赋值为 c
+=	加法赋值运算符	c += a 等效于 c=c + a
-=	减法赋值运算符	c -= a 等效于 c=c - a
*=	乘法赋值运算符	c *= a 等效于 c=c * a
/=	除法赋值运算符	c /= a 等效于 c=c / a
%=	取余赋值运算符	c %= a 等效于 c=c % a
**=	幂赋值运算符	c **= a 等效于 c=c ** a
//=	整除取整赋值运算符	c //= a 等效于 c=c // a
:=	海象运算符，可在表达式内部为变量赋值。3.8版本新增运算符	if(n := len(a))>10:将 len(a)赋值给 n，再判断 n>10

任务实战

任务描述

1）学习算数运算符。
2）学习赋值运算符。

操作步骤

● **任务一：同时赋值多个变量**

美迪公司的子公司第一季度销售额前三名分别为：北京、河南、河北。

将北京、河南、河北同时赋值给变量 first、second、third。

参考代码见图 3-1。

first, second, third＝'北京'，'河南'，'河北'

图 3-1　参考代码

- **任务二：交换变量中的内容**

第二季度销售额前三名顺序变换，河北为第二名，河南第三名，请交换变量，实现排名的变更。

参考代码：

```
first, second, third = '北京', '河南', '河北'
first, second, third = first, third, second
print(first, second, third)
```

- **任务三：赋值运算符**

美迪公司 2020 年四个季度销售额分别为 43、36、22、29，赋值给 one、two、three、four。

美迪公司 2021 年四个季度销售额分别为 54、60、30、40，赋值给 one2、two2、three2、four2。

1）使用加法赋值运算符，计算 2020 年与 2021 年第一季度的销售额之和，赋值给变量 sum，并打印。

2）使用除法赋值运算符，计算 2021 年与 2020 年第二季度的销售额同比增长率，赋值给 data，并打印。

参考代码：

```
one, two, three, four = 43, 36, 22, 29
one2, two2, three2, four2 = 54, 60, 30, 40
sum = 0
sum += one
sum += one2
print(sum)
data = two2 - two
data /= two
print(data)
```

二、比较、逻辑运算符

（一）比较运算符

Python 语言中常用的比较运算符，见表 3-4。

表 3-4　比较运算符

比较运算符	含义	示例和说明
>	大于，如果 > 前面的值大于后面的值，则返回 True，否则返回 False	2>3 结果为假，返回 False
<	小于，如果 < 前面的值小于后面的值，则返回 True，否则返回 False	2<3 结果为真，返回 True
==	等于，如果 == 两边的值相等，则返回 True，否则返回 False	2==3 结果为假，返回 False
>=	大于等于（等价于数学中的≥），如果 >= 前面的值大于或者等于后面的值，则返回 True，否则返回 False	2>=3 结果为假，返回 False
<=	小于等于（等价于数学中的 <=），如果 <= 前面的值小于或者等于后面的值，则返回 True，否则返回 False	2<=3 结果为真，返回 True
!=	不等于（等价于数学中的≠），如果 != 两边的值不相等，则返回 True，否则返回 False	2!=3 结果为真，返回 True

（二）逻辑运算符

Python 语言中常用的逻辑运算符，见表 3-5。

表 3-5　逻辑运算符

逻辑运算符	含义	示例	说明
and	逻辑与运算，等价于数学中的"与"	a and b	当 a 和 b 两个表达式都为真时，a and b 的结果才为真，否则为假
or	逻辑或运算，等价于数学中的"或"	a or b	当 a 和 b 两个表达式都为假时，a or b 的结果才是假，否则为真
not	逻辑非运算，等价于数学中的"非"	not a	如果 a 为真，那么 not a 的结果为假；如果 a 为假，那么 not a 的结果为真。相当于对 a 取反

任务实战

任务描述

1）学习比较运算符。
2）学习逻辑运算符。

操作步骤

●**任务一**：商品为 300 元，你的预算为 200 元，使用 if-else 条件判断语句、比较运算符，进行判断并输出结果

参考代码：

```
price = 300
own = 200
```

```
if price <= own:
    print("没有超过预算")
else:
    print("超过了预算")
```

● **任务二**：商品 A、商品 B 的价格分别为 100 元、400 元。购买两个商品的预算均为 200 元。使用比较运算符、逻辑运算符进行计算，判断是否超过预算

参考代码：

```
priceA = 100
priceB = 400
own = 200
print(priceA<=own and priceB<=own)
```

或

```
priceA = 100
priceB = 400
own = 200
if priceA<=own and priceB<=own:
    print("没有超过预算")
else:
    print("超过了预算")
```

三、三目、成员、身份运算符

（一）三目运算符

三目运算符，又称条件运算符、三元运算符。它是唯一有三个操作数的运算符，一般来说，三目运算符的结合性是右结合的。用中文来描述三目运算符的逻辑：

为真时的结果 if，判断条件，else 为假时的结果。

首先执行中间的判断条件。

当上式中间的判断条件为真时，执行 if 左边为真时的结果（也可以是一个表达式，如函数等）；当上式中间的判断结果为假时，执行 else 右边为假时的结果（也可以是一个表达式，如函数等）。

判断一个数字是奇数还是偶数，并输出结果，可以这样使用三目运算符：

```
In [1]: # 判断并表述 x 是奇数还是偶数
        x = 5
        y = "x为奇数" if x % 2 == 1 else "x为偶数"
        print(y)
        # 等价于
        print("x为奇数") if x % 2 == 1 else print("x为偶数")
        x为奇数
        x为奇数
```

x % 2==1，判断条件为 x 取余是否等于 1，余数是 1 则为奇数，余数为 0 则为偶数。当 x 为 5 时，判断条件的输出为真，执行 if 左侧的表达式。

（二）成员运算符

Python 支持成员运算符，即判断某元素是否在一个序列中（见表 3-6）。

序列可以是字符串、列表、元组、字典、集合。

表 3-6　成员运算符

成员运算符	含义	示例
in	如果在指定的序列中找到值，返回 True，否则返回 False	1 in［1，2，3］结果为真，返回 True
not in	如果在指定的序列中没有找到值，返回 True，否则返回 False	'c' not in｛'a'：'Alice'，'b'：'Bob'｝ c 不是字典的键，结果为真，返回 True

（三）身份运算符

Python 中的身份运算符用于比较两个对象的存储单元（见表 3-7）。

表 3-7　身份运算符

身份运算符	含义	示例
is	is 判断两个对象的内存地址是否相同，为真返回 True，否则返回 False	1 is 1 结果为真，返回 True
is not	is not 判断两个对象的内存地址是否不同，为真返回 True，否则返回 False	a,b='saber','saber' a is not b 结果为假，返回 False

注意：身份运算符 is，用于判断两个变量引用对象是否为同一个（同一块内存空间），id（ ） 是否相同。

比较运算符的 == 用于判断引用变量的值是否相等。

任务实战

任务描述

学习三目运算符与成员运算符、身份运算符的综合应用。

操作步骤

● **任务一**：使用三目运算符、成员运算符，判断元素 a 是否在列表 b 中

参考代码：

```
a＝"尺子"
b＝["铅笔","橡皮","尺子","转笔刀","钢笔"]
y＝"a在b中"if a in b else"a不在b中"
print(y)
```

● **任务二**：使用三目运算符、身份运算符，判断变量 c、d 是否来自同一存储单元

参考代码：

```
c＝23
d＝23
y＝"c,d相同"if c is d else" c,d不同"
print(y)
```

或

```
c＝d＝23
y＝"c,d相同"if c is d else" c,d不同"
print(y)
```

四、运算符的优先级

表 3-8 为 Python 运算符优先级由低到高的排序。

表 3-8　运算符的优先级

优先级	运算符	描述	优先级	运算符	描述
1	lambda	Lambda 表达式	13	*，/，%，//	乘，除，取余，取整
2	or	逻辑或	14	+x，-x	正，负号
3	and	逻辑与	15	~	按位取反
4	not x	逻辑非	16	**	幂运算
5	in，not in	成员运算符	17	x.attribute	属性或方法
6	is，not is	身份运算符	18	x［index］	索引
7	<，<=，>，>=，!=，==	比较运算符	19	x［index，index］	寻址段
8	|	按位或	20	f（arguments...）	函数调用
9	^	按位异或	21	（experession，...）	元组显示
10	&	按位与	22	［expression，...］	列表显示
11	<<，>>	移位	23	{key：datum，...}	字典显示
12	+，-	加，减法	24	"expression，..."	字符串

虽然 Python 运算符存在优先级的关系，但尽量不过度依赖运算符的优先级，这会导致程序的可读性降低。因此，建议：

（1）简化表达式，如果一个表达式过于复杂或较难编写，把它拆分来写。

（2）尽量少依赖运算符的优先级来控制表达式的执行顺序，这样可读性太差，应尽量使用"（）"来控制表达式的执行顺序。

第二节　input 输入语句

一、如何使用

Python 程序如何从外界获取输入？我们这里介绍一种使用 input（）方法从键盘获取的输入。

1）在 Jupyter 中输入 y=input（"请输入一句话："），运行该行代码可以看到输入框下方弹出一行提示，它就是我们在 input（）函数中输入的提示语。

```
In [*]:  y = input("请输入一句话:")
         请输入一句话:
```

2）我们在提示语后面的黑色输入框内，输入任意一句话，如：这本书太棒了！

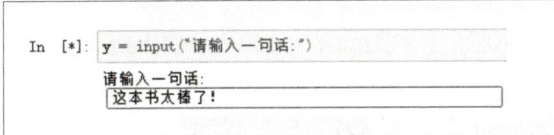

3）输入完成之后，我们点击 Enter 键，运行该单元格，这句话就输出在屏幕上了，如：

4）当我们想要调用 y 这个变量时，直接调用就可以了，如：

```
In [2]: y
Out[2]: '这本书太棒了！'
```

二、功能

接收标准的输入数据（即从键盘输入），返回的类型为 string 类型（字符串）。必要时可转换数据类型。

1）Jupyter 中输入 n=input（"请输入一个数字:"），运行该行代码，可以看到 n 的类型是字符串。

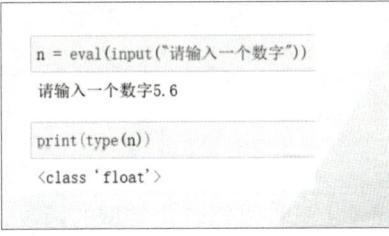

2）如何将 n 转换为数字类型呢？可以用 int（）、float（）、eval（）方法。

```
n = eval(input("请输入一个数字"))
请输入一个数字5.6
print(type(n))
<class 'float'>
```

三、input 输入语句使用案例

1）使用 input（）函数获取输入的考试成绩，并使用 float（）函数，将数据转换为浮点型。

```
score = float(input("请输入考试成绩："))
```

input（）函数获取输入 95，并使用 float（）函数，将数据转换为浮点型，赋值给 score。

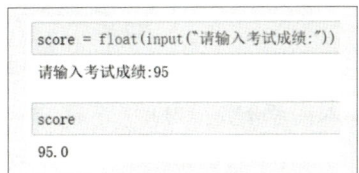

2）使用 input（ ）函数获取输入的班级人数，并使用 int（ ）函数，将数据转换为整型。

```
count = int(input("请输入班级人数："))
```

input（ ）函数获取输入的班级人数 35，并使用 int（ ）函数，将数据转换为整型，赋值给 count。

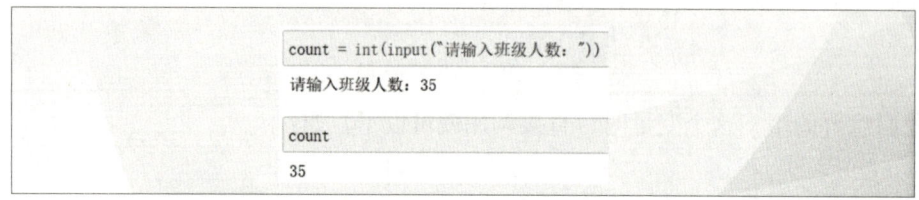

3）使用 input（ ）函数获取输入的纳税比率，使用 eval（ ）函数自动判断数据类型，并实现转换。

```
rate = eval(input("请输入纳税比率：
"))
```

input（ ）函数获取输入的纳税比率，并使用 eval（ ）函数自动判断数据类型，最终赋值给 rate。

注意：使用 eval（ ）函数，存在安全风险，谨慎使用。

**任务实战**

任务描述
1）掌握 input 输入语句的用法。
2）掌握 int（ ），float（ ），eval（ ）三种可以转化类型的函数，并应用到 input 语句中。
操作步骤
● **任务一**：用 input 语句提示用户输入姓名、所学专业，并将它赋值给自定义的变量
参考代码：
sen1＝ input("您的姓名：")
sen2＝ input("您的专业：")

● **任务二**：用 input 语句提示用户输入高考分数，使用 float 函数转换为浮点类型，并赋值给变量 score，最后打印变量 score
参考代码：
score＝float(input("请输入高考分数："))
print(score)

- **任务三：用 input 语句提示用户输入班级人数，使用 int 函数将数据转换为整型，并赋值给变量 count，最后打印变量 count**

参考代码：

count = int(input("请输入班级人数："))
print(count)

- **任务四：用 input 语句提示用户分别输入高考分数和班级人数，使用 eval 函数实现自动转换类型，赋值给两个变量，并打印出来**

参考代码：

score = eval(input("请输入高考分数："))
count = eval(input("请输入班级人数："))
print(score)
print(count)

第三节　print 输出语句

Python 程序输出形式很多，比如存文件，存数据库，将数据发送到其他服务器，等等。我们这里说的输出语句，是指将内容输出在屏幕上。

一、功能

将各种类型的数据（字符串、数字、列表、字典、元组、集合）输出到屏幕上。

二、print 输出语句使用案例

1）使用 print（ ）函数打印一个变量的值。

```
con = '今天我又进步了！'
print(con)
```

```
con = '今天我又进步了！'
print(con)

今天我又进步了！
```

2）使用 print（ ）函数打印一行分隔线，一串"-"号，中间为"分隔线"。

```
print('-' * 10, '分隔线', '-' * 10)
```

注意：使用'*'可以将字符串重复数次。打印多个内容可以用英文逗号分隔，sep 参数定义分隔字符，默认为一个空格。

3）设置 sep 参数，用指定"-"分隔多个需要打印的值。

```
ID = 2205066
name = '郝学'
age = 20
college = '会计学院'
print(ID, name, age, college, sep=' - ')
```

```
ID = 2205066
name = '郝学'
age = 20
college = '会计学院'
print(ID, name, age, college, sep=' - ')
2205066 - 郝学 - 20 - 会计学院
```

注意：使用 sep 参数时，print（ ）函数中需设置多个参数，仅打印一个参数，sep 不会生效。

4）设置 sep 参数，用指定"\n"（换行符号）分隔多个需要打印的值。

```
ID = 2205066
name = '郝学'
age = 20
college = '会计学院'
print(ID, name, age, college, sep='\n')
```

```
ID = 2205066
name = '郝学'
age = 20
college = '会计学院'
print(ID, name, age, college, sep='\n')
2205066
郝学
20
会计学院
```

注意：sep 参数默认为一个空格，修改为换行符号，即每个元素用换行符分隔。

5）设置 end 参数，用"℃"作为单位符号，来结尾温度值。

```
T = 36.5
print(T, end='℃')
```

```
T = 36.5
print(T, end='℃')
36.5℃
```

注意：end 参数用来设定以什么结尾，默认值是换行符 \n。

6）定义的字符串与字符串内容的引号相同，可以使用转义字符 \' 或 \"，让引号作为字符，原样输出。

```
con = "Never forget to say \"thanks\""
print(con)
```

```
con = "Never forget to say \"thanks\""
print(con)
Never forget to say "thanks"
```

注意：转义字符规定了计算机在识别和显示字符时，一些必要的字符。

任务实战

任务描述

学习 print 输出语句的用法。

1）掌握同时打印多个参数的方法。

2）掌握参数 sep、参数 end 的用法。

3）了解转义字符 \n，\'，\"。

操作步骤

● **任务一**：定义一个学生的多个信息，并赋值给多个变量。设置 sep 参数，用指定"－"分隔多个需要打印的值

参考代码：
```
ID＝2205066
name＝'郝学'
age＝20
college＝'会计学院'
print(ID, name, age, college, sep＝' － ')
```

● **任务二**：设置 sep 参数，用指定"\n"（换行符号）分隔多个需要打印的值

参考代码：
```
ID＝2205066
name＝'郝学'
age＝20
college＝'会计学院'
print(ID, name, age, college, sep＝'\n')
```

● **任务三**：设计一句话并打印出来，其中包括转义字符 \' 或 \"，以引号作为字符，原样输出

参考代码：
```
con＝"Never forget to say \"thanks\""
print(con)
```

● **任务四**：设置 end 参数，用"℃"作为单位符号，来结尾温度值

参考代码：
```
T＝36.5
print(T, end＝'℃')
```

第四节 条件判断语句

一、条件判断语句

条件判断语句的结构。

Python 程序可以分三种结构，即顺序结构、选择（分支）结构和循环结构。选择结构也称分支结构，就是让程序"拐弯"，有选择性地执行代码；换句话说，可以跳过没用的代码，只执行有用的代码。条件判断语句可以实现选择结构。if else 语句为条件判断语句的主要表现形式。具体结构见图 3-2。

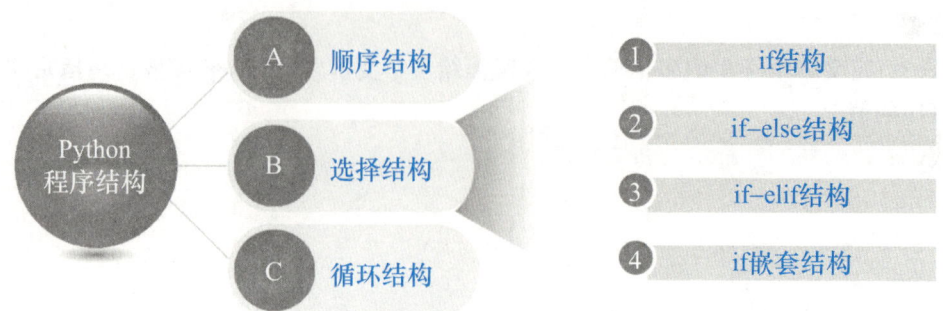

图 3-2　条件判断语句的结构

二、if 结构

条件判断语句——if 结构。

1）if 结构的执行流程（见图 3-3）。

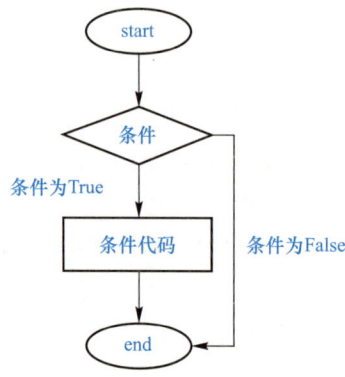

图 3-3　if 结构的执行流程

2）if 结构的语法格式。

```
if 条件判断:
    条件代码1      #条件判断为真，执行条件代码1
其他顺序代码       #if条件结构执行完，执行其他代码
```

if 条件判断为真，执行条件代码部分；判断为假，顺序执行其他代码。这结构可以用于判断是否出现特定或特殊的情况，出现则执行条件代码部分，否则为正常情况，顺序执行代码。

3）if 结构代码示例。

```
score = 85.9
if score > 60:
    print("score为%s，及格了" % score)
print("判断结束，可继续执行后续代码")
```

三、if-else 结构

条件判断语句——if-else 结构。

1）if-else 结构的执行流程（见图 3-4）。

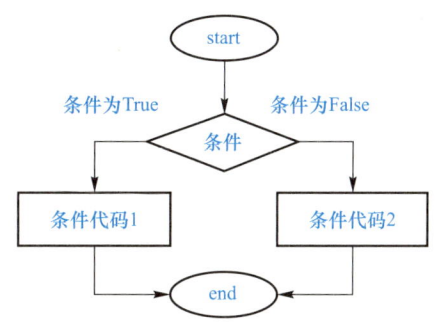

图 3-4　if-else 结构的执行流程

2）if-else 结构的语法格式。

```
if 条件判断:
    条件代码1    #条件判断为真，执行条件代码1
else:
    条件代码2    #条件判断为假，执行条件代码2
```

if-else 结构适用于出现两种相反的情况时，else 后面不用再写条件判断。

3）if-else 结构代码示例。

```
score = int(input("请输入成绩（0~100整数）"))
if score >= 60:
    print("成绩为%s，及格" % score)
else:
    print("成绩为%s，不及格" % score)
```

四、if-elif 结构

条件判断语句——if-elif 结构。

1）if-elif 结构的执行流程（见图 3-5）。

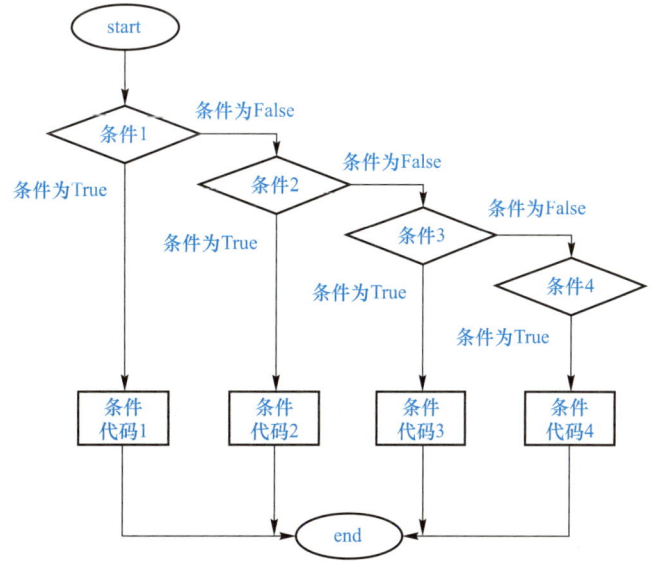

图 3-5　if-elif 结构的执行流程

2）if-elif 结构的语法格式。

```
if 条件判断1:
    条件代码1    #条件判断1为真，执行条件代码1
elif 条件判断2:
    条件代码2    #条件判断2为真，执行条件代码2
elif 条件判断3:
    条件代码3    #条件判断3为真，执行条件代码3
```

3）if-elif-else 结构的语法格式。

```
if 条件判断1:
    条件代码1    #条件判断1为真，执行条件代码1
elif 条件判断2:
    条件代码2    #条件判断2为真，执行条件代码2
elif 条件判断3:
    条件代码3    #条件判断3为真，执行条件代码3
else:
    条件代码4    #条件判断123为假，执行条件代码4
```

if-elif 结构和 if-elif-else 结构是一致的，else 补充判断条件都不满足或不容易写出条件判断的情况。该结构适用于存在很多种情况的判断，if 和每个 elif 后面都需要写条件判断语句。适用场景如个税缴纳金额的计算、打折促销结算、成绩评定等。

4）if-elif 结构代码示例。

```
score = int(input("请输入成绩（0~100整数）"))
if score < 60:
    print("成绩为%s, 不及格" % score)
elif score <70:
    print("成绩为%s, 及格" % score)
elif score <80:
    print("成绩为%s, 中等" % score)
elif score <90:
    print("成绩为%s, 良好" % score)
elif score <=100:
    print("成绩为%s, 优秀" % score)
```

五、if 嵌套结构

条件判断语句——if 嵌套结构。

if 嵌套结构适用于存在多层判断的情况，具体的结构可以理解为 if 结构、if-else 结构、if-elif 结构互相嵌套。在实际应用场景中，我们需要判断的情况可能非常多，需要灵活使用。

需要特别注意的是缩进的问题，一般涉及语句都会看到缩进。通常情况下，我们使用 4 个空格（Space）键来控制缩进。

如本节伪代码中的条件代码块，与它上面紧邻的条件判断语句相比有 4 个空格的缩进。同一个判断条件下，缩进保持一致，均为 4 个空格。

嵌套结构在外层缩进的基础上，也要保持内层缩进。出现随意缩进和缩进不一致的情况，系统都会报错。

任务描述

学习 Python 的条件判断语句的用法。

操作步骤

● **任务一：条件判断语句——if 结构**

定义一个变量表示出你所在班级的人数，判断人数是否大于 20 人，并打印出结果。

参考代码：

```
count = 35
if count>20:
    print("班级人数为%d, 人数超过了20人" % count)
print("判断语句, 执行完毕")
```

● **任务二：条件判断语句——if-else 结构**

定义一个变量表示出你上个月的零花钱金额，判断该金额是否大于 600，并打印出结果。

参考代码：

```
count = 500
if count>600:
    print("上个月零花钱为%d元, 超过了600元" % count)
else:
    print("上个月零花钱为%d元, 未超过600元" % count)
```

● **任务三：条件判断语句——if 嵌套结构**

假设某校奖学金评定先判断综合成绩绩点排名情况，再判断有无挂科。成绩前 20 名且无挂科的同学可参评奖学金。

参考代码：

```
rank = 10    # 综合成绩绩点排名
fail_num = 0    # 挂科数
if rank<=20:
    if fail_num>0:
        print("不可参评奖学金")
    else:
        print("可参评奖学金")
else:
    print("不可参评奖学金")
```

第五节　循环语句

一、如何循环

生活中，经常能见到循环，如季节的循环更替、路口交通信号灯的循环亮灭、自然界的水循环等。不断重复相同的几件事，就可称为循环。编程中也能实现循环。我们来看图 3-6，校食堂做一周的食物计划，他们可能需要执行一个循环。

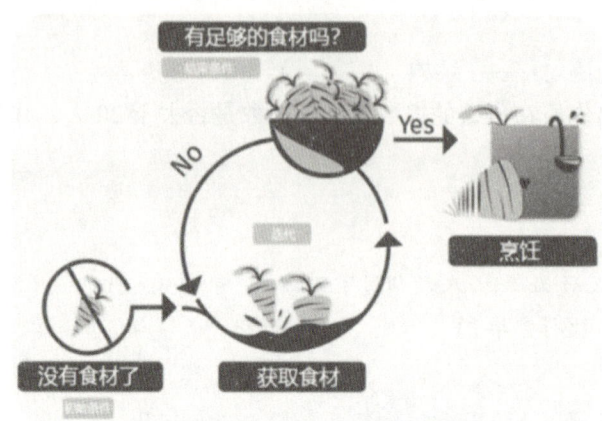

图 3-6　编程语言循环示意

资料来源：https://developer.mozilla.org/zh-CN/docs/Learn/JavaScript/Building_blocks/Looping_code.

一段循环通常需要一个或多个条件：

一个开始条件，它被初始化为一个特定的值，这是循环的起点（"开始：没有食材了"，见图 3-6）。一个结束条件，这是循环停止的标准，通常为计数器达到一定值。如图 3-6 中的结束条件：有足够的食材吗？假设食堂每天至少准备 1 万份食物，一周足够的食物量为 7 万份，7 万份可理解为循环结束的条件。

一个迭代器，通常在每个连续循环上递增少量的计数器，直到达到退出条件。如果周一食物储备不足 7 万份，还需要继续增加本周的食材，单次采购，运输量有限，需多次采购。如果足够了，就可以不用采购了。

在 Python 中，常用两种循环语句：for 循环语句，while 循环语句。

还有用来控制循环的语句：continue 语句，break 语句。

二、for 循环语句

1）for 循环语句的执行流程如图 3-7 所示。

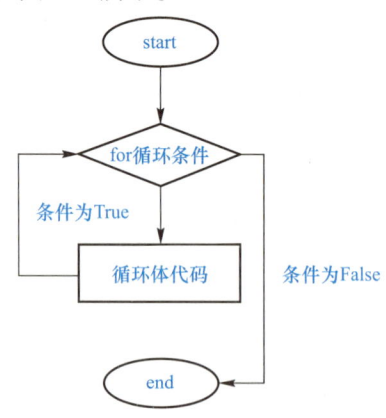

图 3-7　for 循环语句的执行流程

2）for 循环语法格式。

```
for 变量名 in 可迭代对象：
    循环体代码

# 可迭代对象可以是字符串、列表、字典、元组、集合
# 不满足for循环条件，不再执行循环体代码，退出for循环
```

for 循环执行过程，首先判断循环条件表达式的值，其值为真（True）时，则执行循环体代码，当执行完毕后，再回过头来重新判断条件表达式的值是否为真，若仍为真，则继续重新执行循环体代码……如此循环，直到条件表达式的值为假（False），才终止循环。

注意： 灰色框中为伪代码，伪代码不是真正的代码，它能描述程序算法结构，有助于理解程序逻辑。

3）for 循环语句代码示例。

```
In [1]: for i in range(1, 5):
            print(i)
        1
        2
        3
        4
```

例子中：

for i in range（1，5）：是遍历 1，2，3，4 这四个数字，依次赋值给变量 i；

（1，5）的意思，类似数学中的左闭右开区间 [1，5)，1 到 5 的数字中，5 不能取到。

4）range 函数。

```
range(start, stop, step)

    start:  记数从start开始。默认从0开始。
            例如：range(5) 等价于 range(0, 5)

    stop:   记数到stop结束，但不包括stop。必写项。
            例如：list(range(0, 5))，结果是[0, 1, 2, 3, 4]，不包括5

    step:   步长，默认为1。
            例如：range(0, 5)，等价于range(0, 5, 1)
```

5）for 循环语句代码示例。

```
In [2]: # 步长为2
        for i in range(0, 11, 2):
            print(i)
        0
        2
        4
        6
        8
        10
```

例子中，for i in range（0，11，2）是遍历 0 ～ 10 的偶数，依次赋值给变量 i，（0，11）的意思类似数学中的左闭右开区间 [0，11)，0 到 11 的数字中，11 不能取到，但还有步长为 2，所以就取到 0 ～ 10 的偶数了。

```
In [3]: course = ["高等数学", "线性代数", "数理统计"]
        for one in course:
            print(one)
        高等数学
        线性代数
        数理统计
```

for 循环遍历列表，无须使用 range 函数，将列表的变量名写在 in 后，可以实现对整个列表的遍历。

for 循环中列表的每个元素，依次赋值给 one，直到列表中的元素被遍历完，自动退出 for 循环。

6）for 循环语句打印出九九乘法表。

```
# 打印九九乘法表
for i in range(1, 10):
    for j in range(1, i+1):
        print(f'{i}×{j}={i*j}\t', end='')
    print()
```

```
1×1=1
2×1=2   2×2=4
3×1=3   3×2=6   3×3=9
4×1=4   4×2=8   4×3=12  4×4=16
5×1=5   5×2=10  5×3=15  5×4=20  5×5=25
6×1=6   6×2=12  6×3=18  6×4=24  6×5=30  6×6=36
7×1=7   7×2=14  7×3=21  7×4=28  7×5=35  7×6=42  7×7=49
8×1=8   8×2=16  8×3=24  8×4=32  8×5=40  8×6=48  8×7=56  8×8=64
9×1=9   9×2=18  9×3=27  9×4=36  9×5=45  9×6=54  9×7=63  9×8=72  9×9=81
```

i 是第一个乘数（1~9），控制每行行数
j 是第二个乘数（1~i），控制每行的列数，最大与 i 相同

print 函数中，
\t 表示一个 tab，打印时分隔每个乘式
end='' 表示每个乘式不换行（默认换行），直接连接

print() 表示每行打印完，进行换行。

 **任务实战**

任务描述

学习 Python 的 for 循环语句。

操作步骤

● **任务：for 循环语句**

● **案例一：打印出 0～50 以内所有奇数**

参考代码 1：

```
for i in range(1, 51, 2):
    print(i)
```

参考代码 2：

```
for i in range(0, 51):
    if i % 2 == 1:
        print(i)
```

● **案例二：打印出九九乘法口诀表**

参考代码：

```
for i in range(1, 10):
    for j in range(1, i+1):
        print('{}x{} = {}\t'.format(i, j, i*j), end='')   #\t 表示增加一个制表符，作
用是对齐表格数据的各列，end = '', 表示不换行
    print()
```

三、while 循环语句

while 循环语句，类似 for 循环和 if 条件判断语句的结合，while 循环语句也需要判断。

1）while 循环语句的执行流程（见图 3-8）。

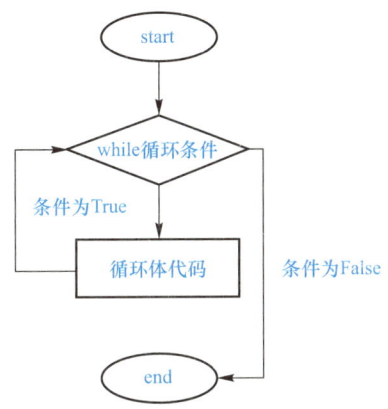

图 3-8　while 循环语句的执行流程

2）while 循环语句的语法格式。

```
while 条件判断:
    条件代码1         # 条件判断为真,执行条件代码
1
```

while 循环执行过程，首先判断循环条件表达式的值，其值为真（True）时，则执行条件代码块中的语句，当执行完毕后，再回过头来重新判断条件表达式的值是否为真，若仍为真，则继续重新执行条件代码块……如此循环，直到条件表达式的值为假（False），才终止循环。

能否将 for 循环中的例子，修改为 while 循环呢？思考循环时条件判断表达式的变量和参数分别是什么，如何使用它们。

3）while 循环语句代码示例。

```
number = 0
while number < 5:
    print(f"number为: {number}")
    number = number + 1
```

```
number为: 0
number为: 1
number为: 2
number为: 3
number为: 4
```

本例中 number 是在 while 语句中条件判断的参数，首先需要定义它的初始值，之后我们在 while 语句中，确定需要循环的次数，循环次数与 number 之后如何增加或减少有关。本例中每次循环 number 增加 1。增加到 number=5 时，while 条件判断为假，此时退出 while 循环，不再执行 number=5 时的逻辑。number 从 0～4，循环执行了 5 次。

（1）for 循环转换为 while 循环案例：使用 while 循环输出 10 以内偶数。

```
num = 0
while num <= 10:
    if num % 2 == 0:
        print(f"num为: {num}")
    num = num + 1
```

```
num为: 0
num为: 2
num为: 4
num为: 6
num为: 8
num为: 10
```

（2）使用 while 循环，写一个倒计时的功能，每隔一秒变更显示内容。

```
import time
count = 5
while count != 0:
    print(f"还需要等待{count}秒")
    time.sleep(1)   # 程序等待1秒钟
    count = count - 1
print("等待结束！")
```

```
还需要等待5秒
还需要等待4秒
还需要等待3秒
还需要等待2秒
还需要等待1秒
等待结束！
```

提示：import time 导入时间库，要用到等待或暂停的功能。!= 表示不等于。当 count 不等于 0 时，while 判断条件为真。time.sleep（1）表示在此处，程序暂停 1 秒钟。

（3）使用 while 循环，完成上文食堂采购的案例。

```
food_count = 0   # 假设初始食物总量为0
while food_count < 70000:
    print(f'食物的总量为{food_count}份，数量不足，仍需采购')
    food_count += 10000   # 假设每次采购增加1万份
print(f'采购完成，食物的总量为{food_count}份')
```

```
食物的总量为0份，数量不足，仍需采购
食物的总量为10000份，数量不足，仍需采购
食物的总量为20000份，数量不足，仍需采购
食物的总量为30000份，数量不足，仍需采购
食物的总量为40000份，数量不足，仍需采购
食物的总量为50000份，数量不足，仍需采购
食物的总量为60000份，数量不足，仍需采购
采购完成，食物的总量为70000份
```

若 while 循环的判断条件一直为真，就会陷入死循环。

4）while 死循环代码示例。

```
while True:
    print("死循环中")
```

上述代码中，循环条件始终为 True，没有退出循环的条件，循环无法退出，持续执行循环体代码，这样的循环称为"死循环"。

为真的情况不仅限于本例中的 True，还有很多种，如非 0 的数字类型都为真，非空的字符串都为真，等等。如果要退出循环，可以使用 break 语句进行控制。

**任务实战**

任务描述

学习 Python 的 while 循环语句。

操作步骤

● **任务一：打印出 1～10 的所有整数**

参考代码 1：

```
num = 1
while num <= 10:
    print(num)
    num = num + 1
```

参考代码2：
```
num = 0
while num<10:
    num = num + 1
    print(num)
```

● 任务二：猜数字，使用输入语句，猜一个随机生成的0～20的整数。使用Jupyter平台或其他编辑器运行

参考代码：
```
import random
num = random.randint(0, 20)
n = -1
while n != num:
    n = int(input("请猜一个数字(0～20)："))
    if n>num:
        print("猜高了")
    elif n < num:
        print("猜低了")
    elif n == num:
        print("猜对了")
        break
```

四、continue、break、pass 语句

（一）continue 语句

continue 翻译为"继续"，在代码逻辑中也是同样的意思，用于循环语句的循环体中，作用是终止下面的语句，继续执行下一次循环。例如：

```
for循环依次遍历1, 2, 3, 4, 5五个数，
i=1时，i不在[2,3,4]中，不执行continue，
顺序执行print。
i=2时，i在[2,3,4]中，执行continue，
后面的代码不再执行，进行下一次for循环。
```

```
In [1]: for i in range(1,6):
            if i in [2,3,4]:
                continue
            print("当前的i是：", i)
# if 判断循环变量i在2, 3, 4中，执行循环体部分
# 执行循环体时，执行continue语句，
# continue在这里的作用是跳出if语句，执行下一次for循环
当前的i是：1
当前的i是：5
```

注意：continue 并不会跳出循环，continue 执行时，会忽略后面的逻辑，直接执行下一次循环。

（二）break 语句

break 翻译为"打破"，在代码逻辑中起到和词义相似的作用。在 for、while 循环语句中，当执行 break 语句时，会直接跳出循环，执行和循环语句相同缩进的后续代码。如：

```
for循环依次遍历1, 2, 3, 4, 5五个数，
i=1时，i不在[2,3,4]中，不执行break，
顺序执行print。与for同缩进的print不执行。
i=2时，i在[2,3,4]中，执行break，
后面的代码不再执行，直接退出for循环。
```

```
In [2]: for i in range(1,6):
            if i in [2,3,4]:
                break    # 直接退出for循环
            print("当前的i是：", i)
        print("for循环结束")
当前的i是：1
for循环结束
```

注意：break 执行时会忽略后面的逻辑，直接跳出循环。

（三）pass 语句

pass 语句是"空语句"，什么都不执行，不做任何事情，用于占位。它的作用一般不体现在完整代码的逻辑中，常用在代码编写过程中。我们不确定逻辑如何写时，可以使用 pass 先占位，不影响整体逻辑的执行，Python 解释器会忽略 pass 占位处的语法异常，起到不报错的作用。如：

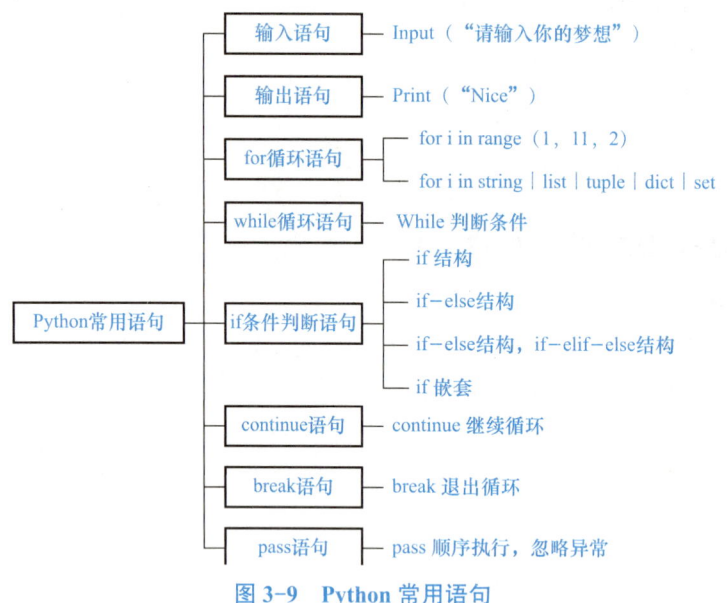

正常情况下，Python 执行 for 循环，循环体结构中没有任何代码会报异常，这里如果我们不确定如何写，或后续再补充代码，可以先用 pass 语句占位，一方面，提醒这里缺少代码，另一方面，不影响整体代码的运行。pass 语句不止应用于循环语句中，在代码编写和调试必要时，都可以使用它。

【小结】

Python 常用语句见图 3-9。

```
                            ┌── 输入语句 ── Input（"请输入你的梦想"）
                            │
                            ├── 输出语句 ── Print（"Nice"）
                            │
                            ├── for循环语句 ┬── for i in range（1，11，2）
                            │              └── for i in string | list | tuple | dict | set
                            │
                            ├── while循环语句 ── While 判断条件
                            │                ┌── if 结构
            Python常用语句 ──┤                ├── if-else结构
                            ├── if条件判断语句┤
                            │                ├── if-else结构，if-elif-else结构
                            │                └── if 嵌套
                            │
                            ├── continue语句 ── continue 继续循环
                            │
                            ├── break语句 ── break 退出循环
                            │
                            └── pass语句 ── pass 顺序执行，忽略异常
```

图 3-9　Python 常用语句

以上常用语句可以看作程序的调味剂，食材是各种类型的数据，每位厨师对调味剂的使用各有差别，在程序中也是这样，常用语句应用非常灵活，当然，对火候的掌控需要修炼！

 **随堂测验**

1. 在循环语句中，（　　）的作用是提前结束本层循环。（单选题）

　　A．break 语句　　　　B．for 语句　　　　C．while 语句　　　　D．continue 语句

2. 一个循环通常不包括（　　）。（单选题）

　　A．开始条件　　　　B．结束条件　　　　C．中断条件　　　　D．迭代器

3. 条件判断语句 if 结构需要注意缩进问题，通常情况下，使用（　　）个空格（Space 键）来控制缩进。（单选题）

A. 1　　　　　　B. 2　　　　　　C. 3　　　　　　D. 4

4. Python 语言的输入函数是（　　）。（单选题）

A. printf（）　　B. print（）　　C. input（）　　D. format（）

5. range 函数括号内三个位置参数分别表示为（　　）。（多选题）

A. 记数起始位置　　　　　　　　B. 记数终点位置
C. 记数跨越位置　　　　　　　　D. 步长

6. 在 Python 中，常用的两种控制循环的语句是（　　）。（多选题）

A. for 语句　　　　　　　　　　B. continue 语句
C. break 语句　　　　　　　　　D. while 语句

7. 虽然 Python 运算符存在优先级的关系，但建议简化表达式，尽量少依赖运算符的优先级来控制表达式的执行顺序，使用"（）"来控制表达式的执行顺序。（　　）（判断题）

对

错

8. 在编写多层循环时，为了提高运行效率，应尽量减少内循环中不必要的计算。（　　）（判断题）

对

错

9. if-elif 结构和 if-elif-else 结构是一致的，else 补充判断条件都不满足或不容易写出条件判断的情况。（　　）（判断题）

对

错

10. 以下运算名称与运算符对应错误的是（　　）。（单选题）

A. 除法取余数：/　　　　　　　B. 除法取商 ://
C. 除法取余数：%　　　　　　　D. 幂运算：**

参考答案：

1-4. ADDC　5. ABD　6. AD　7. 对　8. 对　9. 对　10. A

CHAPTER 4

第四章
Python 应用之员工薪资计算

学习目标

○ 掌握员工薪酬的计算。
○ 掌握员工个人所得税的计算。
○ 掌握员工福利的计算。

案例导入

员工薪酬计算

● 任务一：计算员工薪酬

通过前面内容的学习，高敏掌握了字符串类型数据的一些基本操作。但是对于另一种基本数据类型——数字类型具体包括哪些和内容，可以进行哪方面的操作，有哪些应用的场景，她还不太了解。不过，世上无难事，只怕有心人！她想财务每天都和数字打交道，学起来应该不会太难。为了边学边练，她找来了公司 2022 年 10 月部分员工薪酬数据（见表 4-1）。

表 4-1　员工薪酬数据　　　　　　　　　　　　　　　　　　　　　单位：元

员工编码	部门	员工姓名	职位	基本工资	绩效工资	应发工资	代扣社会保险	代扣住房公积金	代扣个税	代扣总金额	实发金额
1001	企业管理部	佘峰	总经理	10000	6200	16200	1296.00	3600	420.4	5316.4	10883.6
1020	仓储部	王宝珠	仓管员	8000	2700	10700	856.00	1210	153.4	2219.4	8480.6
1027	生产部	喻明远	班组长	9000	2083.4	11083.4	990.40	1210	178.3	2378.7	8704.7

在这部分内容中，高敏将运用 Python 完成以下任务：
1）计算总经理佘峰的应发工资和实发工资。
2）对王宝珠的实发工资进行抹零（即只保留整数）处理。
3）计算喻明远的绩效工资。计算规则：绩效工资按每生产 3 件产品计 2.5 元；余下不足 3 件的，按每件 0.9 元计。本月喻明远一共生产轻巧型产品 25000 件。

● 任务二：计算个人所得税

美迪公司财务会计高敏每月都需要计算公司里每一位员工的个人所得税，这件事令她头痛，因为我国个人所得税计算比较复杂，稍不留意就可能出错。为了解决这个难题，高敏决定用 Python 设计个人所得税的计算程序。

经过思考，高敏决定按以下步骤实现自己的想法。

1）了解个人所得税的计算规则。
应税工资＝当月收入－5000－缴纳社保费及公积金
当月个人所得税＝应税工资×适用税率－速算扣除数
适用税率如表4-2所示。

表4-2　个人所得税税率表（部分）　　　　　　　　单位：元

月应税收入（t_income）	适用税率（t_rate）	速算扣除数（quick_d）
0< 月应税收入 <=3000	3%	0
3000< 月应税收入 <=12000	10%	210
12000< 月应税收入 <=25000	20%	1410
月应税收入 >25000	25%	2660

注：为配合工作任务，表4-2经过修改。

2）借助流程图梳理程序思路。
3）写出基本代码框架。
4）调试代码。
5）细化代码。
6）调试代码。
7）检验代码（用程序计算表4-1中每个人的个人所得税是否一致）。

● **任务三：计算员工福利**

中秋节快到了，公司初步拟定节日慰问品发放方案如下：

工龄满5年的，发放果仁月饼1盒（268元/盒）、牛奶2箱（55元/箱）；工龄不满5年的，发放蛋黄月饼1盒（198元/盒）、苹果3箱（25元/箱）。

美迪公司财务部5名员工的工龄信息如表4-3所示。

表4-3　员工工龄信息表

员工编码	部门	员工姓名	职位	工龄
1006	财务部	钱丹	财务经理	10年
1007	财务部	赵晓阳	出纳	2年
1008	财务部	王菁	税务会计	6年
1009	财务部	程实	成本会计	3年
1010	财务部	高敏	财务会计	4年

1）财务经理钱丹让高敏统计一下本部门需要购买多少月饼、牛奶和苹果，分别需要花费多少钱。

2）编写一个程序，让员工在输入姓名的情况下，获得自己的福利品信息，可以无限次输入，直到输入"Q"或"q"退出。

第一节　计算员工薪酬

一、计算员工的应发与实发工资

根据案例资料给定的信息，计算总经理佘峰的应发工资和实发工资。

参考代码：

```
# 计算总经理佘峰的应发工资和实发工资
#1.创建变量接收工资各项目的金额
staff = input("请输入员工姓名：")
bs = eval(input("请输入基本工资："))  #bs 表示basic_salary
ws = eval(input("请输入绩效工资："))  #ws 表示wage subsidy
sip = eval(input("请输入代扣社会保险金额："))  #sip 表示social insurance premium
hf = eval(input("请输入代扣住房公积金的金额："))  #hf 表示housing fund
it = eval(input("请输入代扣个人所得税的金额："))  #it 表示income tax
#2.计算工资(知识技能点：数值型的加、减运算，控制输出浮点数的小数位数)
# 计算应发工资
wages = bs + ws
# 计算代扣总金额
withhold = sip + hf + it
# 计算实发工资
net = wages - withhold
# 打印结果
print(f"{staff} 这个月应发的工资是：{wages}元，实发的工资是{net：.2f}元。")  # 控制输出浮点数的小数位数
```

二、员工工资抹零处理

对案例资料中员工"王宝珠"的实发工资进行抹零处理。

参考代码：

```
# 对王宝珠的实发工资进行抹零处理(知识技能点：整型和浮点型以及双方的转换，占位符格式输出方法)
staff2 = "王宝珠"  # 定义员工姓名
net = 8480.6  # 定义实发工资
net_i = int(net)  #int()取整
```

net_f = float(net_i)   #
print("%s这个月实发的工资是：%f元，抹零后是：%d元。"%(staff2, net_f, net_i))
#%占位符格式化
print("%s这个月实发的工资是：%.2f元，抹零后是：%d元。"%(staff2, net_f, net_i))
print(f"{staff2}这个月实发的工资是：{net_f}元，抹零后是：{net_i}元")
```

### 三、计算绩效工资

计算喻明远的绩效工资。

计算规则：绩效工资按每生产3件产品计2.5元；余下不足3件的，按每件0.9元计。本月喻明远一共生产轻巧型产品25000件。

参考代码：

```
pq = 25000  #pq表示product quantity
#按每3件一组，先计算有多少组，以及总组数应计算的绩效工资
x = (pq // 3) * 2.5
#再计算余下不足3件的绩效工资
y = (pq % 3) *0.9
#合计算出总绩效工资
salary = x + y
#打印结果
print("喻明远这个月的绩效工资是{}元。".format(salary))    #format格式化输出的占位符为{}
```

第二节　计算个人所得税

制作个人所得税计算器，根据输入的员工应税收入，自动计算出应交个税数额。
参考代码：

```
#获取计算应税收入的基本数据
wages = eval(input("请输入您本月的应发工资："))   #eval函数自动识别整型和浮点型
sip = eval(input("请输入您本月工资中代扣的社保费及公积金总额："))
#定义免征额（全国统一为5000元）
exemption = 5000
#定义月应税收入的计算方法
t_income = wages - exemption - sip
#先判断是否需要缴税（外层if语句）    （知识技能点：if语句）
if t_income>0:
    print('纳税光荣，您本月获得纳税资格。')
    #再判断适用税率和速算扣除数    （知识技能点：if语句嵌套）
    if t_income <= 3000:
```
```

```
        t_rate = 0.03
        quick_d = 0
    elif 3000 < t_income <= 12000:
        t_rate = 0.1
        quick_d = 210
    elif 12000 < t_income <= 25000:
        t_rate = 0.2
        quick_d = 1410
    elif 25000 < t_income:
        t_rate = 0.25
        quick_d = 2660
    #接着定义个人所得税的计算方法
    per_tax = t_income * t_rate - quick_d
    #最后打印结果
    print(f"您当月的应税收入为{t_income},应预缴个税款为:{per_tax:.2f}元。")
else:
    print("争取下月获得纳税资格。")
```

第三节 计算员工福利

一、计算员工福利

中秋节快到了,公司初步拟定节日慰问品发放方案如下:

工龄满5年的,发放果仁月饼1盒(268元/盒)、牛奶2箱(55元/箱);工龄不满5年的,发放蛋黄月饼1盒(198元/盒)、苹果3箱(25元/箱)。

美迪公司财务部5名员工的工龄信息见案例资料。

经理钱丹让高敏统计一下本部门需要购买多少月饼、牛奶和苹果,分别需要花费多少钱。

参考代码:

```
#1.创建列表,用于储存工龄数据(知识技能点:列表(作简单说明))
wk_years = [10, 2, 6, 3, 4]
#2.创建商品数量变量
milk_q = 0
apple_q = 0
mc_nut_q = 0
mc_egg_q = 0
#3.利用for循环遍历列表(知识技能点:遍历)
for i in wk_years:
#4.对遍历变量进行判断(知识技能点:嵌套if语句)
```

```
    if i >= 5:
#5.计算商品数量(知识技能点：循环累计)
        mc_nut_q += 1
        milk_q += 2
    else:
        mc_egg_q += 1
        apple_q += 3
#6.计算各商品花费金额
mc_nut_a = mc_nut_q * 268
milk_a = milk_q * 55
mc_egg_a = mc_egg_q * 198
apple_a = apple_q * 25
#7.打印结果
print(f'''
需要购买的牛奶数量是{milk_q}箱，金额是{milk_a}元。
需要购买的果仁月饼数量是{mc_nut_q}盒，金额是{mc_nut_a}元。
需要购买的蛋黄月饼数量是{mc_egg_q}盒，金额是{mc_egg_a}元。
需要购买的苹果数量是{apple_q}箱，金额是{apple_a}元。
''')
```

二、员工福利查询

编写一个交互查询福利品的程序，让员工在输入姓名的情况下，获得相应的福利品信息，可以无限次输入，直到输入"Q"或"q"退出。

参考代码：

```
#1.创建列表,用于储存员工姓名与工龄数据
name_list = ['钱丹','赵晓阳','王菁','程实','高敏']
wk_years = [10, 2, 6, 3, 4]
#2.创建循环(知识技能点：while循环)
while True:
#3.获取用户输入姓名
    name = input('请输入您的姓名(Q或q退出)：')
#4.对姓名进行判断,如果没有此姓名,输出：查无此人
    if name in name_list: #(知识技能点：in保留字)
#5.如果有此员工,则进行工龄提取
# 提取name的索引(知识技能点：列表的index方法)
        ix = name_list.index(name)
# 按name的索引号提取其工龄(知识技能点：访问列表的值)
        year = wk_years[ix]
#6.根据不同的工龄输出结果
        if year >= 5:
            print('您将获得果仁月饼1盒(268元/盒)、牛奶2箱(55元/箱)。')
```

```
else:
    print('您将获得蛋黄月饼1盒(198元/盒)、苹果3箱(25元/箱)。')
#7.设计退出(知识技能点:break语句)
elif name == 'Q' or name == 'q':
    print('您将退出程序。')
    break    #使用break语句,退出本例的while死循环
else:
    print('查无此人!')
```

第五章 Python 函数和类

CHAPTER 5

学习目标

○ 掌握 Python 函数的使用。
○ 掌握 Python 类的使用。

第一节 Python 的函数

一、什么是函数

（一）什么是函数

在了解什么是函数之前，我们先看一个问题：根据之前已学的知识，如何求出一个温度值列表中的最大值？

```
[20, 24, 25, 26, 25, 18, 18, 17]
```

● 思考一：用 for 循环逐一取出每个元素，并与已经取出来的所有元素做对比，每次确定已取出元素中的最大值，循环到最后，就得到列表中所有元素的最大值了！

● 思考二：还可以用 max（ ）函数。

```
max([20, 24, 25, 26, 25, 18, 18, 17])
```

max（ ）方法或者说 max（ ）函数，是 Python 内置的、可随时使用的函数。我们传递一个参数，即可获得结果。不用关心它内部的实现原理，开箱即用，提高效率。那么函数是什么呢？

"函数"对应的英文单词是 Function。

● 剑桥词典中的解释译为：计算机或计算机程序用来完成任务的过程。
● 牛津词典中的解释译为：执行基本操作的程序等的一部分。
● 韦氏词典中的解释译为：用程序提供的变量进行计算，并为程序提供单一结果的一种程序。

我们可以理解为：

● 函数是将一些语句集合在一起，能够多次执行的代码块。
● 函数允许我们指明作为输入的实际参数，并能够计算出数个返回值，让程序能够通过传递参数或不传递参数，方便地实现某些特定的功能。

（二）为什么使用函数

1）最大化代码重用。

函数允许我们整合并通用化代码，方便多次使用，实现一处编写，多处运行。

2）最小化代码冗余。

在 1 的基础上，减少代码冗余，降低代码维护成本。

3）复杂过程的分解。

如公司主营业务成本计算的工作，分解为多个子任务来完成，每个子任务对应数量不等的函数，独立地实现较小的任务要比一次完成整个任务容易得多。

（三）函数的分类

1）内置函数。

Python 语言内置了常用的函数，如 max（ ）、min（ ），可以直接使用。

2）标准库函数。

安装 Python 的同时，也安装一些标准库函数，如 math、random 等。通过 import 语句导入标准库后，可以使用。

3）第三方库函数。

PyPI（Python Package Index）是 python 官方的第三方库的仓库，提供了许多功能丰富、强大的库。下载安装后，通过 import 语句导入第三方库，可以使用导入库中的函数。

4）用户自定义函数。

任何人都可以通过编写代码，定义自己的函数。

二、如何自定义函数

（一）Python 函数的组成部分

```
def 函数名(参数1，参数2...参数n):
    """对函数的说明或备注"""
    函数体
    return 表达式
```

函数的组成部分可总结为以下几点：

1）函数代码块以 def 关键字开头，后面接函数名称和英文括号及内部参数（自定义），以英文冒号结束第一行。

2）传入的参数需放在 def 后的圆括号内，以英文逗号分隔，数量不限。

3）函数的第二行，可以使用英文三引号给该函数做多行备注和说明。

4）函数体的内容以 def 的缩进为标准，再缩进四个空格，行数不宜过多。

5）return 表达式结束函数，选择性地返回零个、一个值或多个值给调用方。不带表达式的 return 相当于返回 None，函数执行结束。

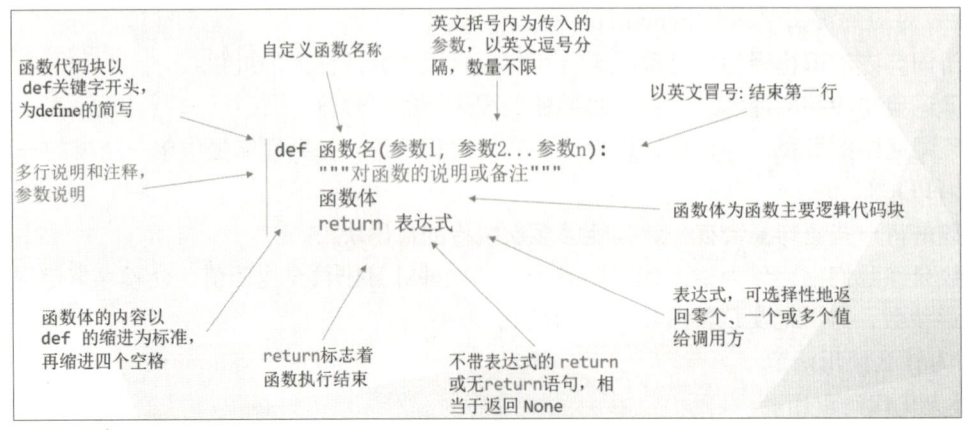

图 5-1　函数的组成

（二）自定义一个函数

好时光公司的会计人员要计算月末库存存货成本，月末库存存货的数量为1500，存货单位成本为1.5元。她想通过函数实现传入任意的数量和单位成本，都能获得本月月末库存存货成本的计算结果，如何做？

```python
def end_month_cost(count, per_cost):
    """计算本月月末库存存货成本
    本月月末库存存货成本 = 月末库存存货的数量 * 存货单位成本 """
    cost = count * per_cost
    return cost
```

函数体为具体计算过程，return 将最后的计算结果返回。

根据实际需要，说明可以简写或省略。上述函数可简化为：

```python
def end_month_cost(count, per_cost):
    return count * per_cost
```

（三）函数的调用

如何调用已经定义好的 end_month_cost 函数？

观察发现，函数体中没有任何的数值，需要计算的数据是通过参数传递给函数的，那么，在调用函数的时候，如何给函数传递参数？

调用函数需要做两件事：① 指定调用函数的名称；② 为调用的函数传递参数。语法格式为：

> 函数名(参数1，参数2…参数n)

调用上例函数可以写为：

```python
def end_month_cost(count, per_cost):
    return count * per_cost

end_month_cost(1500, 1.5)
```

可以直接打印调用函数的结果：

```python
print(end_month_cost(1500, 1.5))
```

（四）自定义函数案例

定义一个函数，实现连续自然数 1～n 累加求和。Python 如何实现？

```python
def add(n):
    sum = 0
    for i in range(1, n+1):
        sum = sum + i
    return sum
```

上面定义函数功能是：计算连续自然数的和。函数名称是 add，传入一个参数 n。函数体是 2～4 行。最后执行 return sum，返回求和的结果。将传入参数 n 设为 6，并调用函数，Jupyter 中运行结果为：

```
In [1]: def add(n):
            sum = 0
            for i in range(1, n+1):
                sum = sum + i
            return sum
        print(add(6))
        21
```

任务实战

任务描述

1）为实现设定的功能，自定义函数，并调用该函数，应用设定的功能。

2）设置函数的返回值，并获取该返回值。

操作步骤

● **任务一：定义并调用函数**

1）定义一个函数，打印一首诗词。

参考代码：

```
def show( ):
    print("""
    《青玉案·元夕》
    宋·辛弃疾
    东风夜放花千树。
    更吹落、星如雨。
    宝马雕车香满路。
    凤箫声动，玉壶光转，一夜鱼龙舞。
    蛾儿雪柳黄金缕。
    笑语盈盈暗香去。
    众里寻他千百度。
    蓦然回首，那人却在，灯火阑珊处。
    """)
show( )
```

2）定义一个函数，打印出 0～10 的偶数，并调用该函数。

参考代码：

```
def number( ):
    for i in range(0, 11):
        if i % 2 == 0:
            print(i)
number( )
```

3）将任务二中输出的数字存入列表中，并打印出最终结果。

参考代码：

```
def number_list( ):
    all = [ ]
    for i in range(0, 11):
        if i % 2 == 0:
            all.append(i)
    print(all)
number_list( )
```

● **任务二：定义函数及返回值，调用函数并获取返回值**
将任务三中的结果设置为函数的返回值，并在调用该函数后获取返回值。
参考代码：
```
def num_list( ):
    all=[ ]
    for i in range(0, 11):
    if i % 2 == 0:
        all.append(i)
    return all
        s = num_list( )
print(s)
```

● **任务三：定义可接收参数的函数，并实现调用**
定义某公司四个季度的利润额，并存为列表类型，再定义函数，实现计算总额，并打印计算结果。
参考代码：
```
def total(num_list2):
    total = 0
    for i in num_list2:
    total += i
    return total
num_list2 = [230000, 250000, 300000, 290000]
print(total(num_list2))
```

三、函数的返回值、参数

（一）函数的返回值

函数的返回值在函数被执行后，返回给调用方。
根据实际需求的不同，函数的返回值可以为 None、一个返回值或多个返回值。
return 语句也可出现一次或多次，多条 return 语句可应用在 if-else、if-elif、if 嵌套结构中。
1）返回值为 None（1）。
延续之前的案例，我们不写 return 后面的表达式，程序运行的结果是什么？

```
def add(n):
    sum = 0
    for i in range(1, n+1):
        sum = sum + i
    return
```
```
def add(n):
    sum = 0
    for i in range(1, n+1):
        sum = sum + i
    return
print(add(6))
None
```

2）返回值为 None（2）。
函数中不出现 return 语句，程序运行后的结果是什么？

```
def fun(n):
    print("无return语句")
```
```
def fun():
    print("无return语句")
print(fun())
无return语句
None
```

不写 return 语句，返回值也是 None。

3）多个返回值。

在 return 语句后，用英文逗号隔开多个返回值。

函数有多个返回值时，以元组的形式返回。

4）多个返回值的接收。

在调用有多个返回值的函数时，可以用一个或多个变量接收返回值。应用之前的案例。

（1）使用 a、b 两个变量接收函数的两个返回值，a 对应第一个返回值 x+y，b 对应第二个返回值 x-y。返回值和接收参数的类型一致，即 a 与 x+y、b 与 x-y 类型一致。

（2）使用一个变量 c 接收函数的两个返回值，多个返回值以元组的类型返回，赋值给 c。

```
def fun(x, y):
    return x+y, x-y

a, b = fun(9, 3)    # 多个参数接收
c = fun(20, 10)     # 一个参数接收

print(a, b, type(a))
print(c, type(c))

12 6 <class 'int'>
(30, 10) <class 'tuple'>
```

注意：两种方法本质上没有区别，多个返回值会以元组形式返回，使用多个变量接收时，发生了这样的赋值：a，b=（9，3）。

5）多条 return 语句。

return 语句可以出现在函数的任何位置，当执行到第一个 return 语句时，该段程序结束，返回到调用程序。

定义一个折扣商品字典（discount），判断商品（goods）有无折扣的函数（judge_discount）。

```
discount = {'羽绒服':0.7, '卫衣':0.6, 'T恤':0.9, '跑鞋':0.8}
def judge_discount(goods):
    if goods in discount:
        return f'{goods}，折扣为{discount.get(goods)}'
    else:
        return f'{goods}，无折扣'
print(judge_discount('围巾'))
print(judge_discount('T恤'))

围巾，无折扣
T恤，折扣为0.9
```

返回的结果有两种：①有折扣，折扣是多少；②无折扣。

（二）函数的参数

设置与传递参数是函数的重点，而 Python 的函数对参数的支持非常灵活，按使用的方式，可分为：默认参数、关键字参数（位置参数）、不定长参数。

1）默认参数。

郝美同学购买若干化妆品，想计算下一共缴纳多少消费税，税率目前为 30%，税率可能会更改，我们可将税率作为一个默认参数，写进函数的参数。

```
def cosmetics_consumption_tax(cost, rate=0.3):
    """ 化妆品消费税 30% """
    return cost * rate
```

如果调用函数时，没有传递 rate 参数，那么函数会按给定默认的值进行计算。

```
# 默认参数 化妆品消费税
def cosmetics_consumption_tax(cost, rate=0.3):
    return cost * rate
print(cosmetics_consumption_tax(200))
60.0
```

默认参数制定时，需要注意两点：

（1）不可以将默认参数设置为可变类型。

仔细观察结果，与之前的默认参数进行比较，发现了什么问题？

```
def print_info(a, b=[]):
    return a, b

result_a , result_b = print_info(1)
print("第1次结果", result_a, result_b)
result_b.append('error')
print("修改后", result_a, result_b)
print("第2次结果", print_info(2))
print("第3次结果", print_info(3, [5]))

第1次结果 1 []
修改后 1 ['error']
第2次结果 (2, ['error'])
第3次结果 (3, [5])
```

第 1 次调用，是正常的。第 2 次调用前，修改了参数 b 的值，在第 2 次时未指定 b 参数的值，调用时 b 使用被修改的值。第 3 次调用，指定 b 参数，恢复正常。

结论：默认参数设置为可变类型（列表、字典、集合）时，要谨慎。可设置为不可变类型 None、True、False、数字、字符串、元组。

（2）如果不明确参数的内容，可对参数进行判断，再做处理。

自定义函数设置 a、b 两个参数，b 参数设置为 None。

```
def print_info(a, b=None):
    if not b:  # None为假；not None为真
        print('b 没有赋值')
    else:
        print(a, b)
    return
print_info(1)
print_info(1, 3)

b 没有赋值
1 3
```

当不确定 b 参数的值时，我们可以先进行判断。在 if 判断语句中，None 为假，所以我们使用 not None，if 判断结果真，执行 if 下的条件语句。当 b 的值不为假时，执行 else 下的条件语句。

对参数内容的判断，不限于默认参数，可灵活运用。

2）关键字参数。

上面使用默认参数，调用时，传入参数的顺序需要和定义时保持一致。在调用函数时，使用关键字参数，可以跳出顺序一致的限制。

```
# 关键字参数 化妆品消费税
def cosmetics_consumption_tax(cost, rate):
    return cost * rate
print(cosmetics_consumption_tax(rate=0.3, cost=200)
)
结果为: 60.0
```

如果按顺序传递参数即位置参数，不按位置传递，可以按关键字传递参数，优势为：

（1）不必担心函数定义时参数的位置和顺序，使用函数变得更加简单了。

（2）假设其他参数都有默认值，可以给我们想要的部分参数赋值，不在意已有默认值的参数。

3）不定长参数——元组形式（拓展）。

传入参数个数不确定时，我们可以使用不定长参数。Python 提供了一种元组的方式来接收没有直接定义的参数。这种方式在定义函数参数时前面加 *。如果在函数调用时没有指定参数，它是一个空元组。

```
def students_info(name, number, sex='女', *hobby):
    print(f'昵称：{name}', end = ' ')
    print('ID: %s'% number, end = ' ')
    print('性别：{}'.format(sex), end = ' ')
    print('爱好：{}'.format(hobby))

students_info("风映月", 32, '女', "钢琴", "读书", "绘画")
students_info(number=55, name="水木冰")

昵称：风映月  ID: 32  性别：女  爱好：('钢琴', '读书', '绘画')
昵称：水木冰  ID: 55  性别：女  爱好：()
```

注意：①调用时，参数按位置顺序一一对应，多出的参数全部放入不定长参数的元组里。
②调用时，不定长参数未传值，其结果为空元组。

4）不定长参数——字典形式（拓展）。

传入参数个数不确定时，我们可以使用不定长参数。Python 提供了一种字典的方式来接收没有直接定义的参数。这种方式在定义函数参数时前面加 **。如果在函数调用时没有指定参数，它是一个空字典。

```
# **hobby可变长参数，返回为字典，不传递参数，返回空字典
def students_info(name, number, sex='女', **hobby):
    print(f'昵称：{name}', end = ' ')
    print('ID: %s'% number, end = ' ')
    print('性别：{}'.format(sex), end = ' ')
    print(f'爱好：{hobby}')

students_info("水木冰", 55)
students_info("水木冰", 55, hobby=("绘画","吉他"))
students_info("水木冰", 55, "男", hobby1="足球", hobby2="篮球")

昵称：水木冰  ID: 55  性别：女  爱好：{}
昵称：水木冰  ID: 55  性别：女  爱好：{'hobby': ('绘画', '吉他')}
昵称：水木冰  ID: 55  性别：男  爱好：{'hobby1': '足球', 'hobby2': '篮球'}
```

注意：调用时，若使用字典形式的不定长参数传递参数，需要使用关键字方式。不定长参数将它们转为字典。

四、匿名函数（拓展）

定义函数可以不给函数命名吗？答案是肯定的。Python 中可以定义匿名函数。使用 lambda 创建。

基本语法：

实例：

```
lambda arg1,arg2,...argn:expression


tax = lambda cost, rate: cost * rate
print(tax(200, 0.3))
结果为：60.0
```

定义两个参数，cost 和 rate，包含参数的表达式为 cost * rate，参数和参数的表达式用英文冒号分隔。

由 lambda 表达式所返回的函数对象与 def 创建并赋值后的函数对象工作起来是一样的，但是 lambda 有一些特别之处：

① lambda 是一个表达式，而不是语句。
② lambda 的主题是一个单独的表达式，而不是一个代码块。

五、变量的作用域

变量定义的位置不同，它可以被访问的范围也不同。变量可以被访问的范围称为变量的作用域，可分为全局变量、局部变量。

（一）全局变量

全局变量指在函数、类之外定义的变量。它的作用域为其所在模块。

郝学同学定义一个函数计算居民企业的企业所得税，将税率定义为全局变量。

```
rate = 0.25
def resident_enterprise_tax(income):
    return income * rate

print(resident_enterprise_tax(300000))
结果为：75000.0
```

注：居民企业的企业所得税为 25%。

（二）局部变量

局部变量指在函数（函数的参数）、类内定义的变量。它的作用域为函数体内，或类以内。

郝学同学定义一个函数计算居民企业的企业所得税，将税率定义为局部变量。

```
rate = 0.3
def resident_enterprise_tax(income):
    rate = 0.25
    print('局部变量rate', rate)
    return income * rate

print('全局变量rate', rate)
print(resident_enterprise_tax(300000))
```

结果为：
全局变量rate 0.3
局部变量rate 0.25
75000.0

注：居民企业的企业所得税为 25%。

（三）全局变量声明

如果要在函数体内对全局变量进行修改，可以使用 global 语句，声明变量为全局变量。

```
rate = 0.3
def resident_enterprise_tax(income):
    global rate
    print('全局变量rate修改前', rate)
    rate = 0.25
    print('全局变量rate修改后', rate)
    return income * rate

print(resident_enterprise_tax(300000))
print('全局变量rate', rate)
```

结果为：
全局变量rate修改前　0.3
全局变量rate修改后　0.25
75000.0
全局变量rate　0.25

在函数内部使用 global 语句将 rate 声明为全局变量，实现在函数内部修改全局变量的方法要避免频繁使用，因为它会导致程序可读性变差。

任务实战

任务描述

两个和多个函数间的传递参数及调用。

操作步骤

● **任务一**：设计三个函数，一个函数实现两数幂运算，一个函数实现两数乘积运算，在第三个函数中实现调用上面两个函数

参考代码：

```python
# 幂运算函数
def power(a, b):
    return a**b
# 乘积运算函数
def multiply(a, b):
    return a*b
# 调用上述两个函数的函数
def run(a, b):
    print(f"{a}和{b}幂运算结果为：", power(a, b))
    print(f"{a}和{b}乘积结果为：", multiply(a, b))
run(3, 4)
```

● **任务二**：设计一个程序，用两个函数实现，输入一个动物名称，输出其设定的特征

参考代码：

```python
def features(name):
    animal_list = ["猫", "狗", "鱼"]
    for i in name:
        if i not in animal_list:
            continue
        else:
            if "猫" in name:
                return name + "，喵喵。"
            elif "狗" in name:
                return name + "，汪汪。"
            elif "鱼" in name:
                return name + "，水里游。"
    return f"没有找到,{name}"

def run2(one):
    print("正在寻找中……")
    print(features(one))
    print("--- 结束 ---")
run2("玄猫")
```

注意：return 成功执行后，后续的代码将不再执行。

第二节　Python 的类

一、面向对象

（一）概述

我们已经学会了编写函数，通过传递参数来解决问题。但是，如果遇到非常复杂的问题，用结构化程序设计方法设计出函数众多的代码，对于阅读代码、修改参数、问题的定位与解决是非常不便的。由此，面向对象的程序设计方法应运而生。Python 使用类（class）和对象（object）进行面向对象（Object Oriented Programming，OOP）编程，它是一种计算机编程架构。OOP 实现了软件工程的三个主要目标：重用性、灵活性和扩展性。面向对象程序设计方法是尽可能模拟人类的思维方式，把客观世界中的实体抽象为问题域中的对象，将数据、属性、方法组成一个整体来看待，使得软件的开发方法与过程尽可能接近人类认识世界解决现实问题的方法和过程。面向对象程序设计以对象为核心，该方法认为程序由一系列对象组成。类是对现实世界的抽象，包括表示静态属性的数据和对数据的操作，对象是类的实例化。对象间通过消息传递、相互通信，来模拟现实世界中不同实体间的联系。在面向对象的程序设计中，对象是组成程序的基本模块。

（二）两个基本概念（类、对象）

1. 类（class）

类是用来描述具有相同属性和方法的对象的集合。它定义了该集合中每个对象所共有的属性（attribute）和方法（method）。如房屋设计图（见图 5-2）。

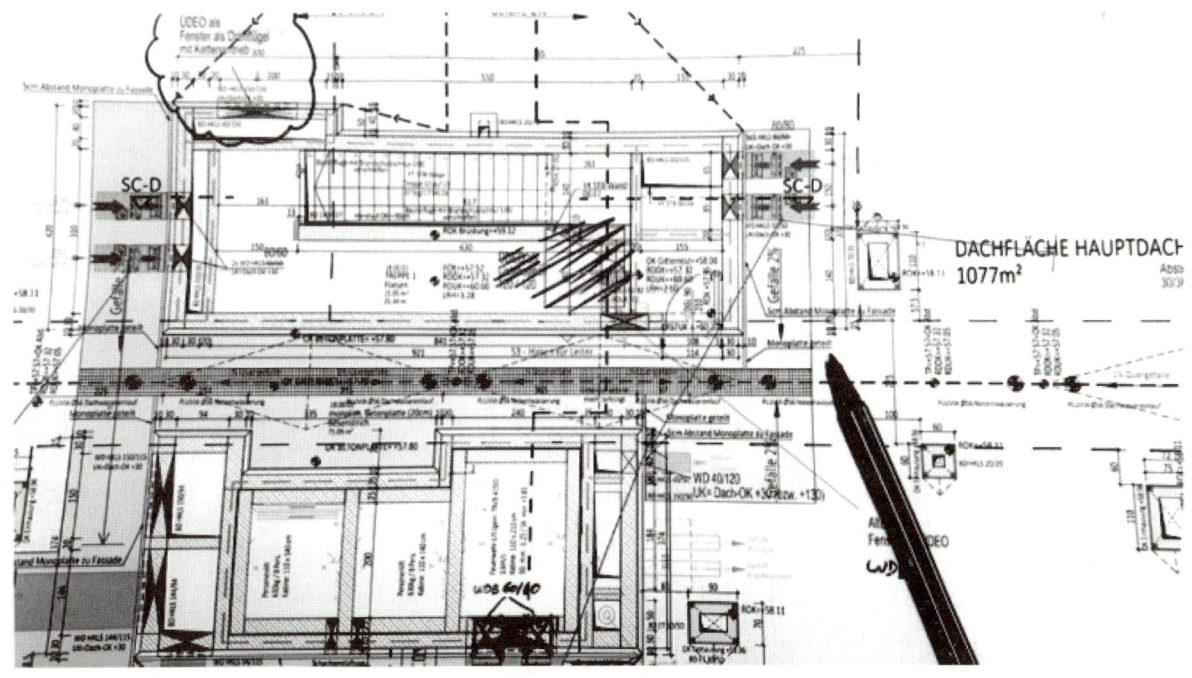

图 5-2　房屋设计图

2. 对象（object）

对象是类的实例化，是通过类定义的数据结构的实际展现。类是抽象的，对象是类的具体实例，或者称类的实体，具有描述类的属性和方法的功能。如：按设计图建造完成的房屋实体（见图 5-3）。

图 5-3　房屋实体

（三）三大特征（封装、继承、多态）

1. 封装

将抽象得到的数据和行为（或方法）相结合，形成一个有机的整体（类）；目的是增强安全性和简化编程，使用者不必了解具体的实现细节，而是通过外部接口、特定的访问权限来使用类的成员。

2. 继承

通过类定义的数据结构实例。即一个派生类（derived class）继承基类（base class）的属性和方法。继承也允许把一个派生类的对象作为一个基类对象对待（多重继承）。继承允许我们定义继承另一个类的所有属性和方法的类。父类是被继承的类，也称为基类。子类是继承后的新类，也称为派生类。

3. 多态

多态是指对不同类型的变量进行相同的操作，它会根据对象（或类）类型的不同而表现出不同的行为。多态的特点：只关心对象的实例方法是否同名，不关心对象所属的类型；对象所属的类之间，继承关系可有可无；多态的好处是可以增加代码的外部调用灵活度，让代码更加通用，兼容性比较强；多态是调用方法的技巧，不会影响到类的内部设计。

二、类的定义和实例的创建

（一）如何定义类

定义一个房屋类，它具有一些属性，门的颜色、面积、户型。有两个方法，一是可以用钥匙把门打开；二是可以旋转把手推开窗。

类是属性和方法的集合，如何来体现呢？

定义类的语法格式：

```
class ClassName():
    <statement-1>
    .
    .
    .
    <statement-N>
```

```
# 定义一个类
class BaseHouse():
    # 类属性
    door = "原木色"
    area = 130
    Type = "三室一厅"

    # 实例方法  self表示自己定义的实例
    def opendoor(self):
        print("门可以用钥匙打开")

    def openwindow(self):
        print('旋转把手，用力推开')
```

（二）如何理解类

1. 类的定义

类是用来描述具有相同的属性和方法的对象的集合，定义了该集合中每个对象所共有的属性和方法。对象是类的实例。

简化概念，我们可以理解为：类是描述对象的集合，集合中包含属性和方法。属性可以理解为变量。

用建造房子的例子继续理解，可以得出房屋设计图纸（类）可以用来描述建好的房子（对象）。房屋设计图纸（类）定义了建好的房子（对象）中所有的房间结构、朝向、大小面积等（属性），以及门窗使用方法（方法）。建好的房子（对象）是房屋设计图纸（类）的实例化表现形式。

2. 类中的属性和方法的示意图

从图5-4中我们看出类将属性和方法封装在一起，封装是有目的、有计划的封装，把设计图纸需要的属性和方法（函数）封装在一起，让一张设计图变得符合需求，一个类变得方便调用。

3. 如何定义类

上例中，我们查看属性和方法的缩进，发现类的定义顶格书写，属性和方法都进行对应的缩进。类的属性的定义与定义变量相似，变量的名称即属性的名称，属性名根据需要合理制定。后面会讲实例属性，它与类属性稍有区别。

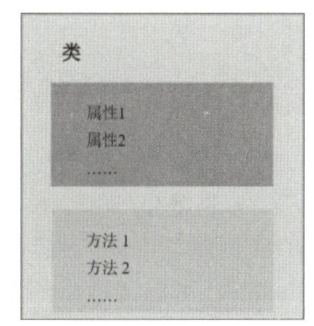

图 5-4 类的属性和方法的示意图

实例方法和定义函数相似，但需要注意缩进，第一行def就需要缩进四个空格，之后再进行实例方法的编写，与我们学习过的函数原理一样，但是需要在括号中加入self。self的含义后面再讲。

我们可以简单地理解，类中的变量叫属性，类中的函数叫方法。

类的属性和方法根据定义方式的差异有不同的分类，其中类的属性可以分为类属性、实例属性和私有属性，类中的方法可以分为类方法、静态方法、公有方法和私有方法。

4. 类属性的定义和调用

1）类中直接创建的属性，所有实例都可以访问，且所有实例访问的类属性都是同一个。类属性有且只有一份。

定义类属性，给变量直接赋值，该变量就是类属性的名称，所赋的值即属性的内容。可以是数字、字符串等类型。

2）company=Company（）的作用是类的实例化，创建实例对象company，并拥有了Company类中的属性，可通过"实例化对象.属性"来调用类中的属性，类属性是事先已知的，如果想给类增加自定义的属性，就需要实例属性来做补充。

```
# 定义一个类
class Company():
    # 类属性
    Type = "教育培训"
    establish_date = "2011-04-30"

# 创建类的实例
company = Company()
print(company.Type)   # 调用类属性
print(Company.establish_date)
```

5. 类的实例属性的定义和调用

实例属性一般在类之外传递具体的值，可以在类中定义属性名，也可以在类之外定义。

- 类的实例属性与类属性稍有区别，需要先定义 __init__（）函数，可以理解为初始化，其后括号中第一个参数为 self，后面的参数名称自己定义，数量不限。再将这些参数名称赋值给 self.参数名，将该属性赋值给实例属性。当有实例化对象时，对象同时就拥有了这些属性。

- 实例的属性在定义时不同于类属性的直接赋值，它只定义了属性的名称、属性的值，需要在实例化时，传递给 __init__（）函数，self 对应的是实例化对象自己，不需要传递参数，其他参数一一对应即可。也可以用关键字传递参数。

- 如果出现实例属性与类属性同名的情况，程序会优先调用实例属性。

```
# 定义一个类
class Firm():
    def __init__(self, Name, esdate):
        self.Name = Name
        self.esdate = esdate

firm1 = Firm("杭州达摩院", "2017-11-07")
firm2 = Frim("北京达摩院", "2017-11-20")
print(firm1.Name, firm2.esdate)
```

- 通过 firm1=Firm（"杭州达摩院"，"2017-11-07"），实例化一个对象 firm1，需要传递对应的实例属性，self 对应的是实例化对象自身，"达摩院_杭州"对应 Name，"2017-11-07"对应 esdate。可以实例化多个对象，不同的对象可以传递不同的实例化属性，不同对象的属性相互独立，互不影响。

- 在类之外，如何定义实例化对象的属性？

```
# 定义一个类
class Firm():
    def __init__(self, Name, esdate):
        self.Name = Name
        self.esdate = esdate

firm1 = Firm("杭州达摩院", "2017-11-07")
firm2 = Frim("北京达摩院", "2017-11-20")
print(firm1.Name, firm2.esdate)
```

- 在类的外部定义实例化对象的属性，首先需要有实例化对象，即该对象已经被实例化，之后可以直接通过"实例化对象.新属性 = 新属性内容"实现在类的外部定义或修改对象的属性。

```
class Company():
    def __init__(self, Name, esdate):
        self.Name = Name
        self.esdate = esdate

company_1 = Company("杭州达摩院", "2017-11-07")
company_1.city = "杭州"
print(company_1.Name, company_1.city)
```

方法可以表明类的作用和功能。

- 类的内部用 def 定义函数，第一个参数写上 self，这个函数就变为实例方法。self 同时表示创建的实例化对象。这里 investment 方法是实例方法，加上 self，实例对象即可共享该实例方法。
- 调用实例方法，与调用属性类似：实例化对象.方法（）。

```
class Bank():
    # 实例属性
    def __init__(self, name, company, investment):
        self.name = name
        self.company = company
        self.investment = investment

    # 定义实例方法
    def investment(self):
        print(f"{self.name}投资了{self.company}{self.investment}")

bank_1 = Bank("建设银行","中石化", "10亿")
bank_1.investment()
```

bank_1=Bank（"建设银行"，"中石化"，"10亿"）传递了实例初始化需要的参数，之后就可以调用实例方法 bank_1.investment（）。调用方法一定要加（。

6. 类方法

- 类方法，通过类名和实例对象都可以调用的方法，使用 @classmethod 来修饰方法。类方法不能使用实例属性，只能使用类属性。它主要使用在和类进行交互，但不和其实例进行交互的函数方法上。
- 下例中，没有实例化对象，而是直接通过类名.类方法实现调用类方法。

```
class Company():
    name = "新道科技"

    @classmethod
    def callname(cls):
        print("公司名称是:" + cls.name)

Company.callname()  # 类名调用

c = Company()   # 实例对象调用
c.callname()
```

定义类方法之前，必须在上一行加上 @classmethod，表明下面要定义的方法是类方法。方法中的括号内，第一个参数，需要写 cls（class 的缩写），表示把类作为参数，传递给自己，这样就可以使用类属性了。调用类属性使用：cls.类属性。

- 当然类方法也是可以传递参数的，这一点和普通函数相同，来看看下面的例子。

```
class Company():
    name = "新道科技"

    @classmethod
    def callname(cls, addr):
        print("公司名称是:" + cls.name)
        print("总部在: " + addr)

Company.callname("北京")
```

增加一个地点参数，将参数传递给类方法。同样地，不需要使用实例，需要在类方法定义的时候，在括号中定义我们需要传入的参数。类方法中使用参数时，可以直接使用传入的参数，不用加cls。最终在类外调用类方法的时候，需要传递之前设置的参数。

三、修改和增加类属性

我们在定义了类属性后，如果想修改或增加类属性，需要怎么做呢？这里介绍两种方法，一种是在类的内部进行，另一种是在类的外部进行。

（一）从内部修改和增加类属性

在类下面定义了类属性之后，在类方法内，可以重新定义类属性，实现对类属性的修改。

1．从内部修改类属性

```
class Company():
    name = "用友"

    @classmethod
    def callname(cls):
        cls.name = "新道科技"
        print(cls.name)

Company.callname()
```

2．从内部增加类属性

```
class Company():
    name = "用友"

    @classmethod
    def callname(cls):
        cls.name = "新道科技"
        cls.addr = "北京"
        print(cls.name, cls.addr)

Company.callname()
```

（二）从外部修改和增加类属性

在从类内部修改不方便的情况下，我们可以在类的外部对类属性进行修改。

1．从外部增加类属性

```
class Company():
    name = "用友"

    @classmethod
    def callname(cls):
        print(cls.name)

Company.callname()
Company.name = "新道科技"
Company.callname()
```

输出：用友、新道科技。

2．从外部修改类属性

```
class Company():
    name = "用友"

    @classmethod
    def callname(cls):
        print(cls.name)

Company.addr = "北京"
print(Company.addr)
```

输出：北京。

 **任务实战**

任务描述
学会定义简单的类，掌握以下知识点：
类属性、实例属性；
类方法、实例方法。

操作步骤

● **任务一**：定义一个类，内容不限，包含类属性、类方法，并在类方法中调用该类的属性
参考代码：

```
class Public( ):
    name = "高等教育出版社"
    @classmethod
    def showname(cls):
        print("出版社的名称是："+cls.name)
Public.showname( )
```

● **任务二**：定义一个类，内容不限，包含实例属性、实例方法，并在实例方法中调用该实例的属性
参考代码：

```
class Public( ):
    name = "高等教育出版社"
    def __init__(self, bookname):
        self.bookname = bookname
    def show(self):
        print(f"出版社：{self.name} 书名：{self.bookname}")
p = Public('Python 基础')
p.show( )
```

注：实例方法中可以通过 self.类属性来调用类属性。

四、类的继承

（一）继承的含义

子类可以继承父类的属性和方法。

面向对象编程的思想，重要的一点是，代码可以复用。继承就体现了代码复用的概念。在某个类中已经实现的功能想在另一个类中实现，我们就可以选择继承这一方法来快速实现，使类中属性和方法得以复用。

通过下边的例子来了解继承：

```python
class Fish():
    def __init__(self, name):
        self.name = name

    def skill(self):
        print(self.name + "会吐泡泡")

class Goldfish(Fish):
    def __init__(self, name, color):
        Fish.__init__(self, name)
        self.color = color

    def skill_2(self):
        print(self.color + "的" + self.name + "会杂技")

g = Goldfish('小金', '白色')
print(g.name, g.color)
g.skill()
g.skill_2()
```

输出：小金白色、小金会吐泡泡、白色的小金会杂技。

- 先定义了 Fish 类的实例属性和方法。在 Goldfish 类中的第一行括号里写了 Fish，这里 Fish 就作为 Goldfish 的基类，Goldfish 继承了 Fish 基类的非私有属性和方法。这里我们并没有定义私有属性，可以理解 Goldfish 类继承了 Fish 类的所有属性和方法。
- Fish.__init__（self，name）是继承 Fish 的实例属性，继承后，不用再逐一赋值。GoldFish 中并没有提及 Fish 类的实例方法 skill，但我们可以看到，通过实例化 Goldfish，可以直接使用 skill 方法。Goldfish 类继承了 Fish 类的 skill 方法。
- 可抽取子类共同属性、方法作为基类或父类。

如果子类继承父类的方法不能用，需要修改，怎么做呢？

（二）子类对父类方法的重写

- 在 Goldfish 子类中，重新定义了 skill 方法，对子类 skill 方法的调用，不再调用继承自父类的 skill 方法，而是调用在子类中修改后的内容，从而实现了子类对父类方法的重写。

```python
class Fish():
    def __init__(self, name):
        self.name = name

    def skill(self):
        print(self.name + "会吐泡泡")

class Goldfish(Fish):
    def __init__(self, name, color):
        Fish.__init__(self, name)
        self.color = color

    def skill(self):
        print(self.color + "的" + self.name + "会杂技")

g = Goldfish('小金', '白色')
print(g.name, g.color)
g.skill()
```

输出：小金白色、白色的小金会杂技。

五、类的多态

（一）多态的含义

- 具备多种形态、多种功能。同一操作作用于不同的对象而产生不同的效果就可以理解为多态。
- 在 Python 中，多态是不同的子类对象调用相同的父类方法，产生不同的执行结果。多态体现在继承和重写父类方法的基础上。具体来说，每个子类中的函数名相同，函数原型都是相同的，继承自父类，但子类的同名函数，可以拥有不同的形态。

```
class Company():
    def employee_count(self):
        print("公司目前有xx位员工")

class CompanyA(Company):
    def employee_count(self):
        print("A公司目前有500位员工")

class CompanyB(Company):
    def employee_count(self):
        print("B公司目前有300位员工")

class CompanyC(Company):
    def employee_count(self):
        print("C公司目前有200位员工")

conpanya = CompanyA()
conpanyb = CompanyB()
conpanyc = CompanyC()

conpanya.employee_count()
conpanyb.employee_count()
conpanyc.employee_count()
```

输出：
A公司目前有500位员工
B公司目前有300位员工
C公司目前有200位员工

上例中，三个子类 CompanyA、CompanyB、CompanyC 均继承自 Company 基类，都拥有 employee_count（）方法，子类对父类的方法进行了重写。子类均调用 employee_count（）方法，但是输出的结果却不同，从而实现了多态。

（二）简化调用

● 如下边例子，定义一个专门执行 employee_count（）函数的函数，实现简化调用。

● 延伸一下，我们定义了很多功能性的类和函数，最终我们需要一个调用的接口，这个接口可以是一个类，一个函数，实现一连串逻辑功能，比如这里的 func（）函数。这是设计模式中工厂模式的思想。

```
class Company():
    def employee_count(self):
        print("公司目前有xx位员工")

class CompanyA(Company):
    def employee_count(self):
        print("A公司目前有500位员工")

class CompanyB(Company):
    def employee_count(self):
        print("B公司目前有300位员工")

class CompanyC(Company):
    def employee_count(self):
        print("C公司目前有200位员工")

#函数调用类中的 employee_count()方法
def func(obj):
    obj.employee_count()

conpanya = CompanyA()
conpanyb = CompanyB()
conpanyc = CompanyC()

func(conpanya)
func(conpanyb)
func(conpanyc)
```

输出：
A公司目前有500位员工
B公司目前有300位员工
C公司目前有200位员工

任务实战

任务描述

学习并掌握类的继承和多态。

操作步骤

● **任务一**：将任务一中的类作为父类，在子类中继承，并调用父类的方法

参考代码：

```
class Public():
    name = "高等教育出版社"
    def __init__(self, bookname):
        self.bookname = bookname
    def show(self):
        print(f"出版社：{self.name}    书名：{self.bookname}")
class PublicInfo(Public):
    def ShowInfo():
    Public.show()
cc = PublicInfo("Python程序设计")
cc.show()
```

● **任务二**：设计一个程序，实现实例方法和多态

参考代码：

```
class Public():
    def __init__(self, name, bookname):
        self.name = name
        self.bookname = bookname
    def show(self):
        print(f"出版社：{self.name}    书名：{self.bookname}")
class PublicA(Public):
    def show(self):
        print(f"小明买了一本书，{self.name}的《{self.bookname}》")
class PublicB(Public):
    def show(self):
        print(f"小明买了一本书，{self.name}的《{self.bookname}》，送给了他的好朋友。")
n = Public('高等教育出版社', 'Python程序设计')
a = PublicA('高等教育出版社', 'Python程序设计')
b = PublicB('高等教育出版社', 'Python程序设计')
n.show()
a.show()
b.show()
```

随堂测验

1. （　　）不属于函数的优点。（单选题）
   A. 最大化代码重用　　　　　　　　B. 最小化代码冗余
   C. 复杂过程的分解　　　　　　　　D. 简单问题复杂化

2. 函数的参数按使用的方式分类不包括（　　）。（单选题）
   A. 关键字参数　　B. 默认参数　　C. 自定义参数　　D. 不定长参数

3. 类的属性可以分为（　　）。（多选题）
   A. 类属性　　　　B. 实例属性　　C. 私有属性　　　D. 对象属性

4. 多态的特点有（　　）。（多选题）
   A. 只关心对象的实例方法是否同名，不关心对象所属的类型
   B. 对象所属的类之间，继承关系可有可无
   C. 多态的好处是可以增加代码的外部调用灵活度，让代码更加通用，兼容性比较强
   D. 多态是调用方法的技巧，不会影响到类的内部设计

5. 面向对象程序设计的三大特征是（　　）。（多选题）
   A. 传承　　　　　B. 封装　　　　C. 继承　　　　　D. 多态

6. Python 函数的组成部分中包含（　　）。（多选题）
   A. 定义函数的关键字 def　　　　　B. 函数体
   C. return 语句　　　　　　　　　　D. 函数的参数

7. 函数默认参数可以设置为哪几种可变类型？（　　）（多选题）
   A. 列表　　　　　B. 字典　　　　C. 元组　　　　　D. 集合

8. 函数代码块以 def 关键字开头，后面接函数名称和英文括号及内部参数（自定义），以英文分号结束第一行。（　　）（判断题）
   对
   错

9. 变量定义的位置不同，它可以被访问的范围也不同。变量可以被访问的范围称为变量的作用域，可分为全局变量、局部变量。（　　）（判断题）
   对
   错

10. 类用来描述具有相同的属性和方法的对象的集合，它定义了该集合中每个对象所共有的属性和方法，对象是类的实例。（　　）（判断题）
    对
    错

参考答案：
1～2. DC　3. ABC　4. ABCD　5. BCD　6. ABCD　7. ABD　8. 错
9. 对　10. 对

CHAPTER 6 Python 应用之银行理财收益计算

案例导入

美迪公司财务部的王菁有一笔 10000 元的闲置资金,她准备存入银行三年,以获取一定的收益。银行按单利每年 5% 的利率计算利息,三年下来,她可以获得多少利息?三年后在银行取出的本利和是多少?

美迪公司准备在三年后投资一个新项目,该项目需要的投资资金是 200 万元,美迪公司想将部分闲置资金投资银行理财产品,以在获得收益的同时确保三年后能有这笔资金供使用。

银行有两种理财产品:

第一种是资金存入三年中可随时取出,按单利计算利息,利率为 0.10;第二种是资金存入三年中不可取出,按复利计算利息,利率为 0.11。

现在美迪公司应该购买哪种理财产品?应该购买多少?

第一节　计算理财利息

单利是指在计算利息时,每一次都是按照初始投资双方确认的本金为计算利息的基数,每次计算的利息并不转入下一次本金中。

单利计算公式:$F=P+P*r*n$

按上述案例,美迪公司财务部的王菁有一笔 10000 元的闲置资金,她准备存入银行三年,以获取一定的收益。银行按单利每年 5% 的利率计算利息,三年下来,她可以获得多少利息?三年后在银行取出的本利和是多少?

参考代码:

```python
# 定义单利利息计算函数(知识技能点:定义函数,调用函数,return 语句)
def danli_interes():
    p = 10000
    r = 0.05
    n = 3
    I = p * r * n
    return I
DI = danli_interes()
print(f'在单利算法下获得利息{DI}元。')
```

```
#定义单利利息计算函数(知识技能点：函数的参数传递)
def danli_income(p, r, n):
    m = p + p*r*n
    return round(m, 2)
DA = danli_income(10000, 0.05, 3) #(知识技能点：函数的形参与实参，函数的必需
参数)
print(f'在单利算法下获得本利和{DA}元。')
DA = danli_income(p=10000, n=3, r=0.05) #(知识技能点：函数的关键字参数)
print(f'在单利算法下获得本利和{DA}元。')

#定义单利本利和计算函数(知识技能点：函数的默认参数)
def danli_income(p, r, n=3):
    return round((p+p*r*n), 2)
DA = danli_income(p=10000, r=0.05)
print(f'在单利算法下获得本利和{DA}元。')
DA = danli_income(10000, 0.05, n=4) #(知识技能点：修改函数的默认参数)
print(f'在单利算法下获得本利和{DA}元。')

#定义单利本利和计算函数      (知识技能点：匿名函数)
DA = lambda p, r, n : p+p*r*n
print(f'在单利算法下获得本利和{DA(10000, 0.05, 3)}元。')
```

备注：p 为本金，r 为收益率（解释什么是收益率），n 为投资期数。注意投资期数和收益率保持同一期限，如收益率为年收益率，则投资期数为年数。

第二节 计算理财投资额

一、定义理财投入额函数

按上述案例，美迪公司准备在三年后投资一个新项目，该项目需要的投资资金是 200 万元，美迪公司想将部分闲置资金投资银行理财产品，以在获得收益的同时确定三年后能有这笔资金使用。

银行有两种理财产品，第一种是存入三年中可随时取出，按单利计算利息，利率为 0.10；第二种是存入三年中不可取出，按复利计算利息，利率为 0.11。

现在美迪公司应该购买哪种理财产品？应该购买多少？

复利是指每一次计算出利息后，即将利息重新加入本金，从而使下一次的利息计算在上一次的本利和的基础上进行，也就是利滚利。

复利计算公式：$F=P*(1+1)n$

参考代码:

```python
#定义第一种理财方式的理财投入额函数
def danli_pv(fv, r, n):
    pv = fv /(1 + r*n)
    return round(pv, 2)
DENLI_PV = danli_pv(200, 0.10, 3)
print(f'选择第一种理财方式,现在需要投资{DENLI_PV}万元。')
#定义第二种理财方式的理财投入额函数
def fuli_pv(fv, r, n):
    pv = fv / (1+r)**n
    return round(pv, 2)
FULI_PV = fuli_pv(200, 0.11, 3)
print(f'选择第二种理财方式,现在需要投资{FULI_PV}万元。')
```

二、优选理财方案

因为企业用于将来投资的金额时常发生变化,投资发生的时间也存在不确定因素,银行的利率也是浮动的,所以,编写一个程序,用于计算在任意收益率、任意理财投资时间和任意期望收益额下,根据现在需要投入资金的大小,从两种理财方案中选择出较优的投资方案。

参考代码:

```python
#定义第一种理财方式的理财投入额函数
def danli_pv(fv, r, n):
    pv = fv /(1 + r*n)
    return round(pv, 2)
#定义第二种理财方式的理财投入额函数
def fuli_pv(fv, r, n):
    pv = fv / (1+r)**n
    return round(pv, 2)
#第一种方法
#1.创建接收参数的函数
def pick_over( ):
    global fv, r1, r2, n    #(知识技能点:变量的作用域,global保留字)
    fv = eval(input('请输入到期希望获得的理财收益额为:'))   #(知识技能点:交互传参)
    r1 = eval(input('请输入第一种理财方案的年收益率为:'))
    r2 = eval(input('请输入第二种理财方案的年收益率为:'))
    n = eval(input('请输入投资年限为:'))
#2.调用pick_over函数
pick_over( )
#3.调用第一、第二种理财方案投入额函数
```

```python
    d_pv = danli_pv(fv, r1, n)    #（知识技能点：函数调用，体现函数的复用以及便利之处）
    f_pv = fuli_pv(fv, r2, n)
#4.设置择优条件
    pick = '第一种理财方案优' if d_pv < f_pv else '两种方案一样' if d_pv == f_pv else '第二种理财方案优'
#5.打印结果
    print(f'''
选择第一种理财方案，现在需要投入 {d_pv} 万元，
选择第二种理财方案，现在需要投入 {f_pv} 万元。
{pick}''')


# 第二种方法，对比第一种方法说明变量的作用域问题。
# 定义第一种理财方式的理财投入额函数
def danli_pv(fv, r, n):
    pv = fv / (1 + r*n)
    return round(pv, 2)


# 定义第二种理财方式的理财投入额函数
def fuli_pv(fv, r, n):
    pv = fv / (1+r)**n
    return round(pv, 2)
#1.创建接收参数的函数
def pick_over():
    #global fv, r1, r2, n    #（知识技能点：此处不需要将 fv, r1, r2, n 定义为全局变量）
    fv = eval(input('请输入到期希望获得的理财收益额为：'))
    r1 = eval(input('请输入第一种理财方案的年收益率为：'))
    r2 = eval(input('请输入第二种理财方案的年收益率为：'))
    n = eval(input('请输入投资年限为：'))
#2.调用第一、第二种理财方案投入额函数
    d_pv = danli_pv(fv, r1, n)
    f_pv = fuli_pv(fv, r2, n)
#3.设置择优条件
    if d_pv < f_pv:
        pick = '第一种方案优'
    elif d_pv == f_pv:
        pick = '两种方案一样优'
    else:
        pick = '第二种理财方案优'
#4.打印结果
    print(f'''选择第一种理财方案，现在需要投入 {d_pv} 万元，
```

选择第二种理财方案,现在需要投入{f_pv}万元。
{pick}''')
#5.调用pick_over函数
pick_over()

第七章 Python 异常处理和文件操作

CHAPTER 7

学习目标

○ Python 的异常处理。
○ Python 编码。
○ Python 对文件和文件夹的操作。

第一节 Python 的异常处理

一、异常的表现

（一）什么是异常

异常是一个事件，该事件会在程序执行过程中发生，会影响程序的正常执行。一般情况下，在 Python 无法正常处理程序时就会发生一个异常。异常是 Python 对象，表示一个错误。当 Python 脚本发生异常时我们需要捕获处理它，否则程序会终止执行。

（二）为什么要主动捕获异常

在程序运行过程中，如果我们放任错误或异常不管，可能会引起程序崩溃、退出、卡死等问题。如果主动捕获这些可能出现的异常，就有机会在发生错误时，主动对程序做出必要的调整，使程序在可控范围内执行。

（三）在什么地方捕获异常

我们在骑摩托车之前要佩戴头盔，这是事先做好的必要的防护措施。同理，在代码中为了防止程序异常，一定要在编写代码时就考虑到哪些地方可能会出现异常，并在对应的代码块前后加入异常处理逻辑，做到异常可控，有路可退。程序并不是一蹴而就的，经常会遇到各种各样的错误，应该不断改写、优化程序逻辑，所以并不是所有的错误都要异常捕获，某些问题我们或许换种方法就能完全正确理顺，存在不可控因素的地方，我们要谨慎捕获异常。

（四）异常的表现

不同的程序出现不同的错误或者异常，它们的表现形式可能不同。比如电脑出现蓝屏、电脑中病毒无法正常启动、游戏卡顿，等等。这些是我们看得见的异常。程序中也可能出现一些我们看不到的异常，这些看不到的异常，很可能在程序中用 PlanB 解决了，我们并没有感知到。不论异常或错误是什么样的，在编写程序的时候，需要尽可能考虑周全，让程序变得"聪明"起来，能够处理和应对各种各样的问题。

二、异常的分类

Python 中出现错误或者异常,程序停止运行,Python 的解释器会告知我们出错的问题是什么,帮助我们快速找到异常点,快速修复程序。这里总结一下常见的 Python 标准异常(见表 7-1)。

表 7-1 常见的 Python 标准异常

异常名称	异常基类	异常名称	异常基类	异常名称	异常基类
BaseException	所有异常的基类	OverflowError	数值运算超出最大限制	ImportError	导入模块/对象失败
SystemExit	解释器请求退出	IndentationError	缩进错误	Warning	警告的基类
KeybpardInterrupt	用户中断执行(通常是输入 ctrl+c)	TabError	Tab 和空格混用	IndexError	序列中没有此索引(index)
Exception	常规错误的基类	AttributeError	对象没有这个属性	KeyError	映射中没有这个键
StopIteration	迭代器没有更多的值	ValueError	传入无效的参数	MemoryError	内存溢出错误(对于 Python 解释器不是致命的)
GeneratorExit	生成器(generator)发生异常来通知退出	EnvronmentError	操作系统错误的基类	NameError	未声明/初始化对象(没有属性)
StandardError	所有的内建标准异常的基类	IoError	输入/输出操作失败	ValueError	传入无效的参数
NotImplementedError	尚未实现的方法	TypeError	对类型无效的操作	ReferenceError	弱引用(Weak reference)试图访问已经垃圾回收了的对象
SyntavError	Python 语法错误	UnicodeError	Unicode 相关的错误	RuntimeError	一般的运行时错误

比如之前在学习中遇到过的,字符串不能和数字类型进行相加运算。错误提示 TypeError,这就是错误或异常的类型之一,类型错误(见图 7-1)。

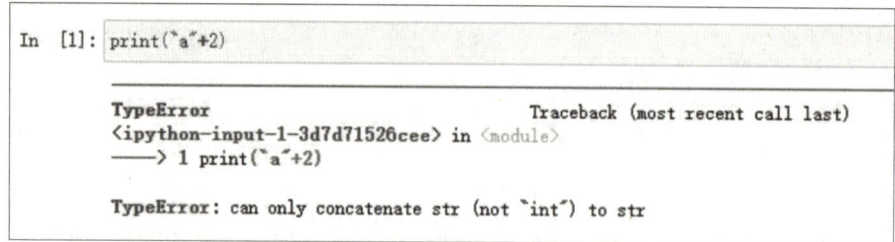

图 7-1 类型错误提示

Python 对异常和错误的提示有两点内容需要注意:
1)箭头指向——>代码行号及内容,可以快速定位错误的位置。
2)TypeError:说明了错误的原因。我们可以根据错误的原因,确定问题,并修正程序。

编写的程序上升到一定的规模,这样的错误分类提示是非常有必要的,所以了解这些标准的错误类型,就可以快速定位问题所在了!如果并不是常见的错误类型,不清楚问题原因,可以向搜索引擎提问。

第二节 Python 的编码和对文件及文件夹的操作

一、Python 的编码

● 什么是编码

计算机存储的信息是以 0 和 1 的二进制形式存储的,而我们在屏幕上看到的文字、符号等字符是二进制数转换后的结果。通俗地说,按某种规则将字符存储在计算机中,如"A"用 0 和 1 如何表示,称为编码;反之,将存储在计算机中的二进制数据解析显示成人们能看懂的字符,称为解码。

计算机能表示出很多国家的文字和符号等,这些称为字符集。

和字符集有对应关系的是字符的编码,一套字符编码规则能表示一部分自然语言的字符。随着技术进步,编码规则能表示的文字、符号越来越多了。计算机的编码从最开始的 ASCII,陆续发展出很多编码格式,如 GBK、GB2312、GB18030、Unicode、UTF-8 等。

二、Python 对文件和文件夹的操作

● 打开、读文件

Python 内置函数 open ( ) 可以实现打开文件,通过设置参数,可实现对文件读写。

打开并读取文件内容案例:

```
path = 'E: \\file\\ 给我一首歌的时间 .txt'    # 文件的完整路径
f = open(file = path, mode = 'r', encoding = 'utf-8')   #open 函数,实现打开读取文件
con = f.read( )   #read 方法读取
print(con)   # 打印读取的内容
```

运行结果及文件路径见图 7-2、图 7-3。

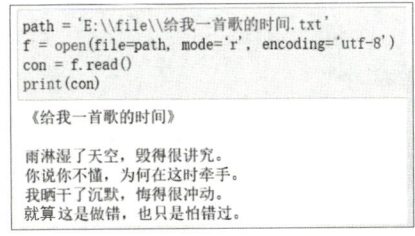

图 7-2 读取文件运行结果

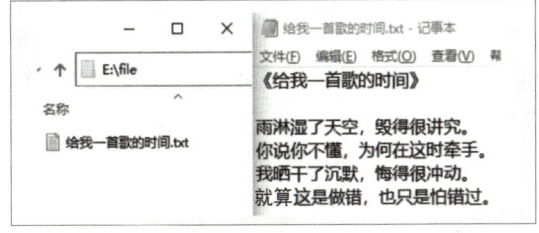

图 7-3 文件路径

上例中,Python 内置函数 open ( ) 函数用到的参数:

file:文件的路径,包含文件的路径和完整名称
mode:打开的模式,'r' 表示读取
encoding:编码方式(读取的过程其实是解码),utf-8 是一种编码规则

Win10 系统 txt 文件的默认编码为 utf-8（"另存为"可以看到），当我们创建 txt 文件，写入时系统进行编码，使用 utf-8 编码，使用 Python，编写代码读取该 txt 文件时，指定解码方式也应为 utf-8，即 encoding='utf-8'，编码解码规则应一致。

- 打开、写入文件

给当前目录（文件夹）下的 one.txt 文本文件写入信息。

代码如下：

```
# 文件末尾追加内容，不存在则新建
f = open(file = '.\\one.txt', mode = 'a+', encoding = 'utf-8')
con = "今日小目标：……"
f.write(con)         # 写文件内容为 con
```

运行结果见图 7-4。

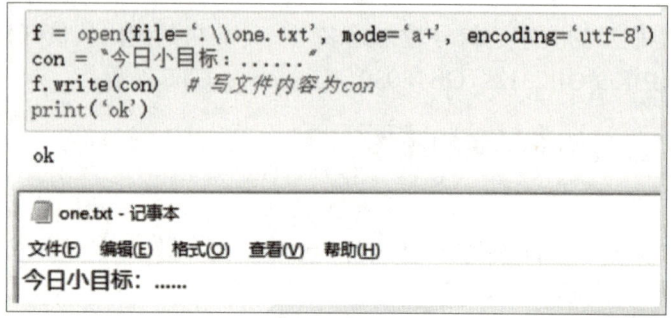

图 7-4　运行结果

其中：file 是文件的路径信息，'.'表示当前目录，'\'表示目录层级，'.\\'表示当前目录下（文件夹下）。mode='a+'，表示将内容追加写入已有文件末尾，文件不存在，新建后写入。write 方法，实现对打开的文件对象 f 进行写入操作，写入内容为变量 con 指向的内容。

- 关闭文件

读和写都需要使用 open 函数，打开文件，读写之后，将文件关闭，使用 close 函数。

代码如下：

```
f = open(file = '.\\one.txt', mode = 'w', encoding = 'utf-8')
con = "今日小目标：掌握 Python 的编码和对文件夹的操作"
f.write(con)    # 写文件内容为 con
f.close()    #close 关闭文件
print('ok')
```

其中：f 是文件操作对象，使用 close 函数，即可实现关闭。上例已经用 a+ 方式创建了新的 one.txt 文件，本例中 mode 是 w，表示覆盖写入。

- open 函数的 mode 参数

open 函数的 mode 参数不止包括 r、a+ 和 w。mode 参数的常见模式（部分）如表 7-2 所示。

表 7-2　mode 参数的常见模式

模式	含义	模式	含义
r	以只读方式打开文件。文件必须存在。默认模式	r+	打开一个文件用于读写
w	打开一个文件只用于写入。如果该文件已存在则打开文件，并从开头开始编辑，即原有内容会被删除。如果该文件不存在，创建新文件	w+	打开一个文件用于读写。如果该文件已存在则打开文件，并从开头开始编辑，即原有内容会被删除。如果该文件不存在，创建新文件
a	追加写入，如果文件存在则在末尾追加。文件不存在，新建后写入	a+	打开一个文件用于读写。如果该文件已存在，文件指针将会放在文件的结尾。文件打开时会是追加模式。如果该文件不存在，创建新文件用于读写

未列出的模式：x，b，t，rb，rb+，wb，wb+，ab，ab+。

- 文件管理系统概述

问题：Python 如何操作文件和文件夹呢？

不论是 Windows、Linux 还是 MacOS 系统，都会有自己的文件系统。文件系统是操作系统用于明确存储设备（常见的是磁盘，也有基于 NAND Flash 的固态硬盘）或分区上的文件的方法和数据结构，即在存储设备上组织文件的方法。操作系统中负责管理和存储文件信息的软件机构称为文件管理系统，简称文件系统。

os 库是 Python 的标准库之一，它提供了使用各种操作系统功能的接口，其中就包含了很多操作文件夹和文件的函数，在写一些系统脚本或者自动化运维脚本的时候，经常会用到它。Python 中还有一些内置方法，可以实现对文件的操作。

- 获取文件位置

关于路径有两个概念：绝对路径、相对路径（以 Windows 系统的路径来举例说明）。

1）绝对路径

文件或文件夹的完整路径，如 E：\commonsoftware\Tencent\QQ_，Music 是 Windows 系统中 QQ_Music 文件夹的完整路径；文件的绝对路径，如 E：\book\穷查理宝典.pdf。

2）相对路径

在某个文件夹下，它的子文件夹下的文件夹或文件，如果当前在 E：\book\下，那么穷查理宝典.pdf 的相对路径可以表示为 .\穷查理宝典.pdf，"."表示当前所在文件夹；文件的相对路径同理。

拓展：Windows 系统的路径分隔符，显示为 \，Python 程序中使用 \\ 分隔。Linux 系统的路径分隔符，显示为 /，Python 程序中也使用 / 分隔。

Python 如何获取路径信息？首先需要导入使用的库，我们使用 import 语句引入 Python 的 os 库，即 import os。这样我们就可以使用 os 库里的所有方法了。

- 已知文件名，获取该文件的绝对路径

```
import os
os.path.abspath('one.txt') # 已知文件名 获取完整绝对路径

'C:\\Users\\sober\\one.txt'
```

- 在某文件中编写，获取所在文件的绝对路径

os.path.basename(__file__)

__file__ 指当前的文件（适用于 .py 后缀的 Python 文件，Jupyter noterbook 使用会报错，可使用其他 IDE）。

- 判断文件是否存在

```
os.path.exists('one.txt')
True
```

- 文件夹和文件的新建

1）创建一个文件夹：os.mkdir（文件夹路径）。

2）创建多个文件夹：os.makedirs（文件夹路径）。

3）创建文件：可以使用 open（ ）方法中文件模式含有新建的方式创建新的文件。

```
import os
os.mkdir('E:\\file\\new')
print('ok')

ok
```

先导入 os 库，再使用 os.mkdir（ ）方法创建文件夹。

- 文件夹和文件的重命名

文件夹和文件的重命名都可以使用同一个方法：os.rename（src，dst）。

其中 src 是要修改的文件夹名或文件名，dst 是修改后的文件夹名或文件名。该方法没有返回值。可以用 if 条件判断语句判断是否重命名成功。

在两种情况下程序可能出现报错：src 参数对应的文件夹或者文件不存在、dst 参数对应的文件夹或文件已经存在。

例 1：将上例中建立的 new 文件夹，改名为 NEW。

例 2：没有 src 源文件，程序将报错。

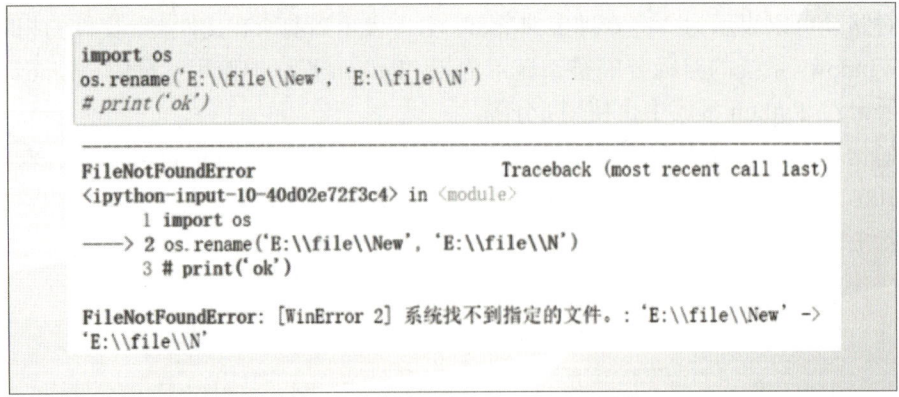

- 文件夹和文件的删除

1）删除文件夹：os.rmdir（文件夹路径）。

2）删除空文件夹：os.removedirs（文件夹路径）。

3）删除文件：os.remove（文件路径）。

案例：删除文件夹操作

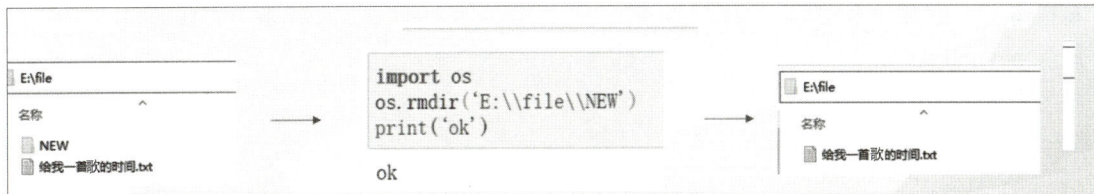

 **任务实战**

任务描述

1）文件的读写操作。

2）文件和目录的创建操作。

3）文件和目录的删除操作。

● **任务一：任意读取本地一个后缀为 .txt 的文本文件**

参考代码：

f = open('Python 异常处理和文件操作/hero.txt', mode = 'r', encoding = 'utf-8')

con1 = f.read( )

print(con1)

f.close( )

● **任务二：给任意路径下的后缀为 .txt 的本地文件写入任意内容**

参考代码：

f2 = open('write.txt', mode = 'a+', encoding = 'utf-8')

con2 = "I am a hero."

f2.write(con2)

f2.close( )

print('写入成功')

● **任务三：创建一个目录，并在该目录下创建一个 txt 文件**

参考代码：

import os

os.makedirs('文件夹操作/Beyond')

open('文件夹操作/Beyond/beyond.txt', 'w')

注意：如果在新道编辑器中执行未看到操作结果，请刷新文件列表或整个网页，下同。

● **任务四：判断任务三中的文件是否创建成功**

参考代码：

import os

if os.path.exists('文件夹操作/Beyond'):

　　print('存在')

else:

```
print('不存在')
```

● **任务五：删除一个文件**

删除 beyond.txt 文件。

参考代码：

```
import os
os.remove('文件夹操作/Beyond/beyond.txt')
```

● **任务六：删除一个目录**

删除 Beyond 文件夹。

参考代码：

```
import os
os.rmdir('文件夹操作/Beyond')
```

随堂测验

1. mode='(　　)'，表示将内容追加写入已有文件末尾，文件不存在，新建后写入。（单选题）

  A. a   B. b   C. w   D. r

2. 操作系统中负责管理和存储文件信息的软件机构称为（　　）。（单选题）

  A. 储存系统   B. 文件管理系统

  C. 信息储存系统   D. 管理系统

3. 关于 Linux 系统和 Windows 系统的路径分隔符，下面表述正确的是（　　）。（多选题）

  A. Windows 系统的路径分隔符显示为 \，Python 程序中可以使用 \\ 分隔

  B. Linux 系统的路径分隔符显示为 /，Python 程序中使用 / 分隔

  C. Linux 系统和 Windows 系统的路径分隔符不同

  D. Linux 系统和 Windows 系统的路径分隔符相同

4. 计算机的编码从最开始的 ASCII，后来陆续发展出很多编码格式，其中有（　　）。（多选题）

  A. GBK   B. GB2312   C. GB18030   D. UTF-8

5. 文件的路径信息有两种描述方式，分别是（　　）。（多选题）

  A. 绝对路径   B. 长路径   C. 短路径   D. 相对路径

6. Python 提供了（　　）三个非常重要的语句来应对 Python 程序在运行中出现的异常和错误。（多选题）

  A. try... except...   B. raise   C. assert   D. repair

7. 异常是一个事件，也是 Python 对象，表示一个错误，当 Python 程序无法正常执行程序时，就会发生一个异常，我们可以通过捕获来处理它，否则程序可能会终止执行。（　　）（判断题）

  对

  错

8. 如果try语句执行时发生异常,程序流跳回标记位,并向下匹配执行第一个与该异常匹配的except语句,异常处理完后,程序流就通过了整个try语句(除非在处理异常时又引发新的异常)。(　　)(判断题)

对

错

9. 以下哪个open函数的mode参数以只读方式打开文件?(　　)(单选题)

A. w　　　　　　　　B. r　　　　　　　　C. a　　　　　　　　D. r+

10. 文件夹和文件的重命名都可以使用同一个方法:os.rename(src,dst),以下描述正确的有(　　)。(多选题)

A. src是要修改的文件夹名或文件名　　B. dst是要修改的文件夹名或文件名

C. dst是修改后的文件夹名或文件名　　D. 该方法没有返回值

参考答案:

1～2. B　3. ABC　4. ABCD　5. AD　6. ABC　7. 对　8. 对　9. B

10. ACD

CHAPTER 8

第八章 Python 模块、包和库

学习目标

○ 了解 Python 模块及使用方法。
○ 掌握 Python 包的常用操作。
○ 掌握 Python 库的常用操作。

一、Python 的模块

可运行的 Python 文件是以 .py 为后缀的。一个 .py 后缀的文件，就可以称为一个模块，模块中包含定义的类、函数、表达式、语句等内容。其表达的含义是实现了某个功能。

（一）如何导入模块

我们写好模块之后如何使用它呢？这里需要了解模块导入的方法，导入某个模块可以理解为有了对该模块的使用权。自身模块的功能（自身文件内的功能）不用导入，导入其他模块的方式有以下几种：

| 精确导入：| from 模块名 import 函数名 | 模糊导入：| from 模块名 import * |

代表导入全部，题里需要尽量少用，避免多个文件循环导入的问题。

可以使用 as 为模块或者利用函数起一个别名，如：imnont mv mndel as mm。

（二）如何使用模块

举个例子，先建立一个名为 use_module 的文件夹，之后在该文件夹下建立两个 Python 文件，分别为 my_module.py 和 run.py。文件结构如下图：

```
use_module
├── my_module.py
└── run.py
```

其中 my_module.py 是我们自定义的模块，内容如下：

```
# -*- coding:utf-8 -*-

def model():
    print("This is my_model")
    return "abc"
```

run.py 的作用是调用 my_module.py，所以需要在 run.py 中导入 module.py 模块，内容如下：

```
# -*- coding:utf-8 -*-
from my_module import model
model()
```

注：#-*-coding：utf-8 -*- 告诉 Python 解释器，按照 utf-8 编码读取代码文件，否则，文件中的文字或符号在输出时可能会有乱码。

导入语句用 from 模块名，import 函数名。这里需要注意，我们定义的模块与使用该模块的文件在同一级文件夹下，即都在 use_module 下，所以可以直接写模块名；如果不在同一级文件夹下，这里不能直接写模块名，需要根据模块位置来写。不在同级文件夹，可分两种情况：

1）需调用模块在运行文件的同级子文件夹下。

我们建立如右下图结构的文件夹，use_module 文件夹下有 com 文件夹和 run.py，com 文件夹下有 my_module.py。my_module.py 模块在 run.py 的同级子文件夹下。文件内容与之前一致。

那么我们在 run.py 中导入 my_module.py 中的 model（）函数，要怎么导入模块呢？

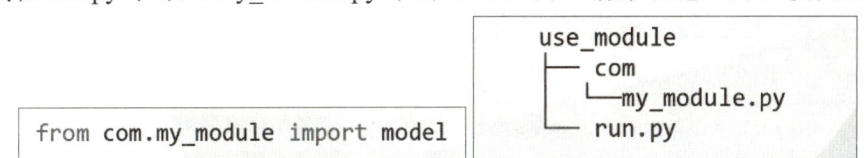

2）需调用模块与运行文件的父级文件夹同级。

我们建立如下结构的文件夹，use_module 文件夹下有 com 文件夹和 my_modul.epy，com 文件夹下有 run.py，my_module.py 模块与 run.py 的父级文件夹同级。文件内容与之前一致。

在 run.py 中导入 my_module.py 中的 module 函数，要怎么导入模块呢？

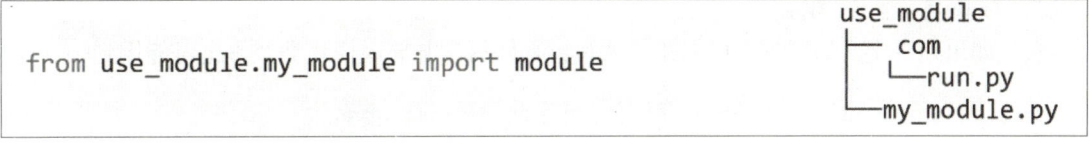

这里 . 表示文件路径的当前路径。具体位置，需要具体分析。

如果这里导入失败，可以使用 sys.pathappend() 方法，添加模块所在文件夹的绝对路径。

二、Python 的包

（一）概述

Python 的包（package）是在模块之上的概念。项目中的模块多了之后，众多功能相似的模块可以使用包组成新的组织结构，方便维护和使用。

Python 的模块是 .py 文件，包是文件夹。通常文件夹名中包含 __init.py，Python 解释器就将该文件夹识别为一个包，其中的模块文件（.py 后缀）属于包的模块。

特殊的 __init__.py 文件，可以为空，也可以有属于包的代码，当导入或调用包中的模块时，执行 __init__.py 文件。

包可以包含子包，没有层级限制，需要注意避免名称的冲突。

Python 的包为什么需要 init.py 文件呢？我们来看看它的作用有哪些：

- Python 中包（package）的标识，不能删除（包其实是一个文件夹，为了和普通文件夹做区别，使用了 __init__.py）。
- 当我们需要导入包中模块的时候，实际上是导入了 init.py 文件，可以一次性全部导入，而不需要将模块一个一个地导入，也不需要找层级关系。
- 编写 Python 代码。因为导入包时，__init__.py 也会一起导入，所以可以在 __init__.py 文件中写初始设置。

案例：Python 的一个自定义包，用结构图可表示为：

```
my_project
├── __init__.py
├── base.py
└── process_data.py
```

my_project 是包（package）的名字，或新建项目的名字，它是一个文件夹。

该文件夹下，包含 __init__.py、base.py、process_data.py 等文件或文件夹。

（二）如何导入包

导入包，一般是在编写一个包的模块时，需要用到其他包中模块的方法。导入的方法是：

```
from 包名.模块名 import 函数名
from 包名.模块名 import 类名
from 包名.模块名 import 类名.函数名
```

如果是直接导入函数名，该函数 def 必须写在最左侧，没有缩进，不在类里面。当然，也可以只导入包。

import 包名，但是在使用的时候，需要使用：

包名.模块名.函数名（）。

包名.模块名.类名.函数名（）。

导入包如果是自定义的，需要根据路径来写，具体写法与导入模块类似。也可能用到…，比如：

```
from ...包名.模块名 import 类名
```

（三）使用导入包

前面学会了导入模块，又要导入自定义的包，那么导入包和导入模块一样吗？答案是"非常像"。我们先建立如下结构的文件和文件夹。

```
test
├── my_project
│   ├── __init__.py
│   ├── base.py
│   └── process_data.py
└── run.py
```

其中 __init__.py 文件不写内容，base.py 内容为：

```
# -*- coding:utf-8 -*-

def display(con):
    print(con)
```

process_data.py 文件的内容为：

```
# -*- coding:utf-8 -*-

class Process():
    @classmethod
    def print_data(cls):
        print("This is data from process_data")
        return "OK"
```

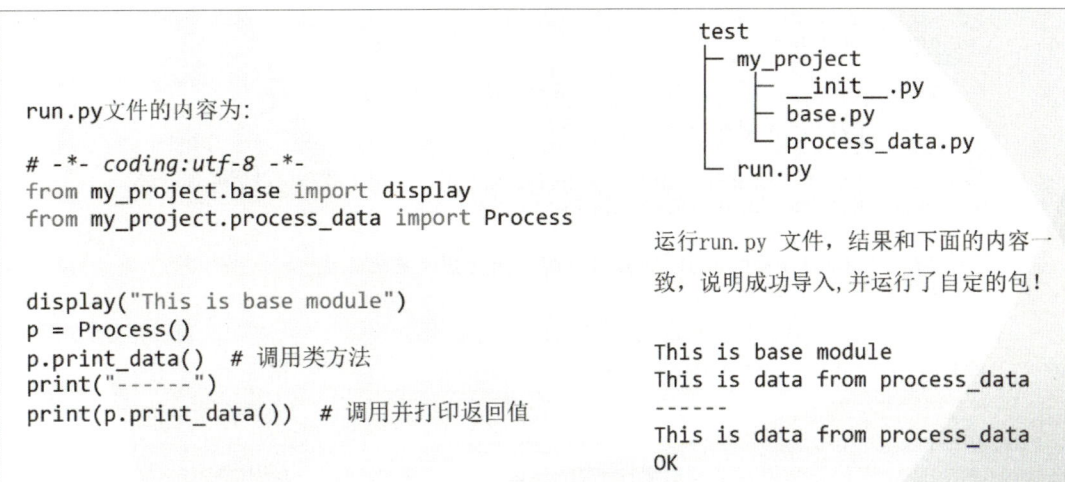

三、Python 的库

（一）概述

库由具有相关功能的数量不定的模块、包构成，是一个完整品。开源后，所有人都可以使用，这也是 Python 的一大特色，即具有强大的标准库、第三方库以及自定义模块。标准库是 Python 官方撰写，第三方库是个人或组织开发的，任何人都可以发布自己的开源库。

库、包、模块的引用顺序：官方库模块 > 第三方库模块 > 自定义库模块。

（二）如何导入库

导入库，是在编写模块时导入其他库的方法。导入的方法是：

```
import 库名
import 库名 as 自定义简称    例如：import numpy as np
from 库名.模块名 import 函数名
from 库名.模块名 import 类名
from 库名.模块名 import 类名.函数名
```

（三）导入库和导入自定义的包非常类似，区别是包是自己定义的，库是其他开发者发布并开源的，我们可以在已经安装的情况下，自由导入和使用，不受文件夹父级、子级的影响，在任何位置都可以导入开源的库和 Python 的标准库或模块。标准库不用再进行安装，第三方库根据实际情况，下载安装后可使用

1）标准库。

尝试一个简单的案例，Python 的标准库 os 如何导入并使用？

```
import os
print(os.path.abspath(__file__))
```

在任意名称的 .py 文件里输入上述代码，它的功能是打印出当前文件的绝对路径。运行程序，正常打印结果，说明成功调用了 Python 的标准库。标准库是 Python 安装好就自带的，不需要额外的安装，不同 Python 版本的标准库略有不同，Python 自身随着版本更新，功能也在不断优化。

标准库使用案例：

例一：使用 random 库，生成随机数

```
import random

n = random.random()   # random方法,随机生成 0~1 的浮点数
print(n)   # 0.3815452970239852

n1 = random.uniform(1,10)   # uniform方法,随机生成指定范围的浮点数
print(n1)   # 7.612945100521475

n2 = random.randint(1,10)   # randint方法,随机生成指定范围的整数
print(n2)   # 5
```

例二:使用 re 库,提取字符串中的数字、时间

```
import re

con = '成本50元'
s = re.search(r'\d{1,}',con).group()   # search方法,返回第一次匹配成功的结果
print(s)   # 结果为 50

con2 = '时间是2077年7月7日'
t = re.search(r'.*?(\d{1,}年\d{1,}月\d{1,}日)',con2).group(1)
print(t)   # 2077年7月7日
```

例三:使用 time 库,获取不同形式的时间

```
import time

time.time()   # time方法,返回当前时间戳
# 1611105783.0196116

time.asctime()   # asctime方法,返回24个字符的时间格式
# 'Wed Jan 20 09:28:27 2021'

time.strftime('%Y-%m-%d %H:%M:%S',time.localtime())  # strftime方法支持时间格式转换
# '2021-01-20 09:34:39'
```

例四:使用 glob 库,获取指定文件夹下的文件名称

```
import glob

book_list = glob.glob("E:\\book_Python\\*pdf")
print(book_list)   # 返回该路径下,后缀为pdf的文件名列表
```

注意:

导入的这些库,实际都是 .py 文件的名称。在 Pycharm 或 VSCode 等编辑器里,按住 ctrl 键,同时左键单击库名,即可跳转到源码文件。glob.glob( ) 使用了 glob 库(模块)中的 glob 方法。

可以通过查看源码,了解任意的标准库、第三方库都有哪些用法。

2)第三方库。

如果使用 Windows10 系统,已经安装了 Anaconda,那么在安装新的第三方库时,可以使用如下方法:

①点击开始菜单,单击 Anaconda 下的 Anaconda Prompt,如图 8-1 中箭头所指。

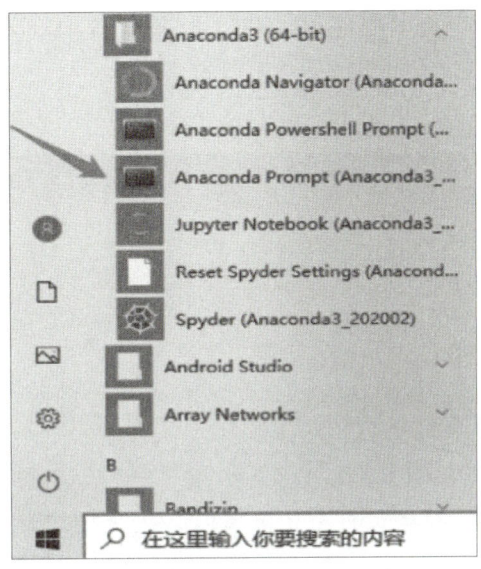

图 8-1　开始菜单中的 Anaconda Prompt

②点击 Anaconda Prompt 后，会弹出一个对话框，可以输入命令（见图 8-2）。

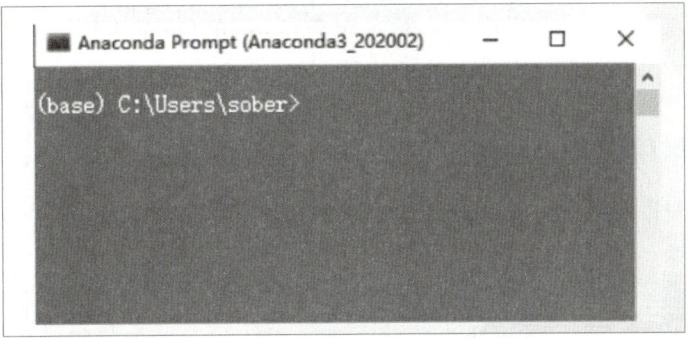

图 8-2　Anaconda Prompt 的命令行界面

③在对话窗口里输入 pip install ×××，××× 为我们需要安装的第三方库名称，例如安装 requests。

在命令行中输入：pip install requests，结果如图 8-3 所示。因已安装过，所以出现 Requirement already satisfied。若未安装，将自动下载、安装，成功后会出现 Successfully 的提示信息。

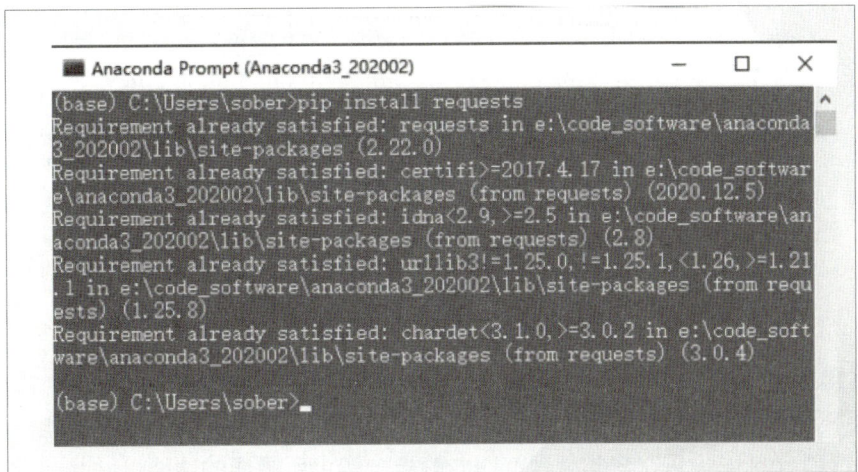

图 8-3　输入命令 pip install requests

④如果我们想查看已经安装了哪些库，在这个黑窗口中输入命令：pip list，就可以看到 Anaconda 中的 Python 已经帮我们安装过的库（见图 8-4）。

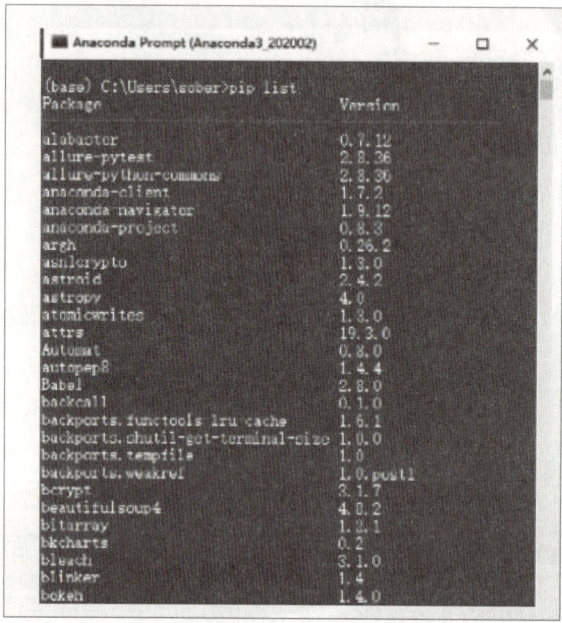

图 8-4　列出已安装的库

四、六大方向常用库简介

六大方向常用库见图 8-5。

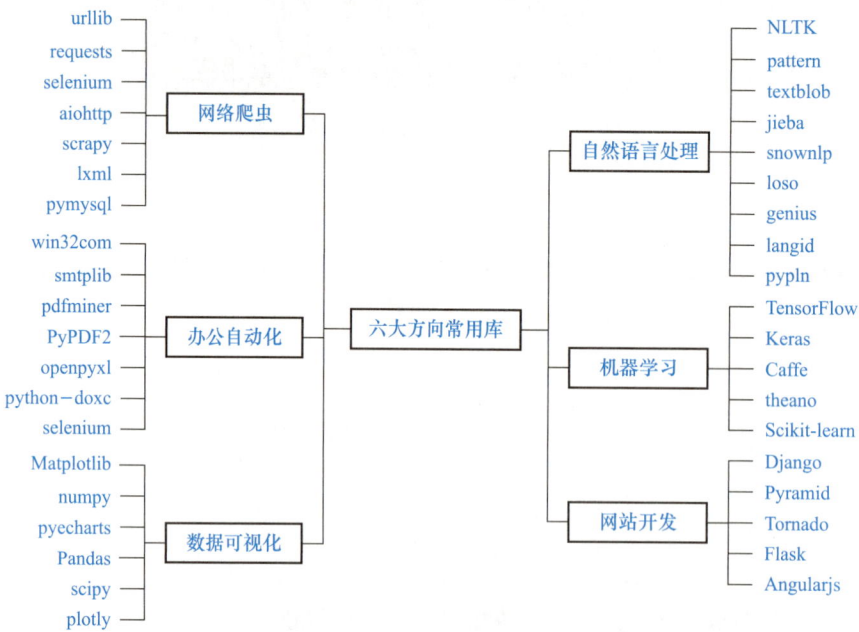

图 8-5　六大方向常用库

（一）网络爬虫

● urllib 是 Python 自带的标准库，无须安装，可以直接用。它提供了多种功能，包括网页请求响应获取、代理和 cookie 设置、异常处理、URL 解析、爬虫所需要的功能。

● requests 基于 urllib，号称"为人类准备的 HTTP 库"。

- selenium 自动化测试工具。一个调用浏览器的 driver，通过这个库，可以直接调用浏览器完成某些操作，比如输入账号、密码登录。
- aiohttp 是基于 asyncio 实现的 HTTP 框架。异步操作借助于 async/await 关键字，使用异步库进行数据抓取，可以大大提高效率。
- scrapy 是强大的爬虫框架，用于抓取网站并从其页面中提取结构化数据。可用于从数据挖掘到监控和自动化测试的各种用途。
- lxml 是 Python 的一个解析库，这个库支持 HTML 和 xml 的解析，支持 XPath 的解析方式。
- pdfminer 是一个纯 Python 实现的 MySQL 客户端操作库。

（二）办公自动化

- win32com 是有关 Windows 系统操作、Office（Word、Excel 等）文件读写等的综合应用库。
- smtplib 可以发送电子邮件。
- pdfminer 是可以从 PDF 文档中提取各类信息的第三方库。
- PyPDF2 能够分割、合并和转换 PDF 页面的库。
- openpyxl 是处理 Microsoft Excel 文档的 Python 第三方库，它支持读写 Excel 的 xls、xlsx、xlsm、xltx、xltm。
- python-doxc 是一个处理 Microsoft Word 文档的 Python 第三方库，它支持读取、查询以及修改 doc、docx 等格式文件，并能够对 Word 常见样式进行编程设置。
- selenium 是一个调用浏览器的 driver，通过这个库可以直接调用浏览器完成某些操作，常用来进行浏览器的自动化工作。

（三）数据可视化

- Matplotlib 是一个绘图库，可以生成各种可用于出版品质的硬拷贝格式和跨平台交互式环境数据。Matplotlib 可用于 Pvthon 脚本、Python 和 IPvthon shell（例如 matlab 或 Mathematica）、Web 应用程序服务器和各种图形用户界面工具包。
- numpy 是 Python 进行科学计算所需的基础包。用来存储和处理大型矩阵，如矩阵运算、矢量处理、N 维数据变换等。
- pyecharts 用于生成 Echarts 图表的类库。
- Pandas 是一个强大的分析结构化数据的工具集，基于 numpy 扩展而来，提供了一批标准的数据模型和大量便捷处理数据的函数和方法。
- scipy 基于 Python 的 matlab 实现，旨在实现 matlab 的所有功能，在 numpy 库的基础上增加了众多的数学、科学以及工程计算中常用的库函数。
- plotly 提供的图形库可以进行在线 Web 交互，并提供具有出版品质的图形，支持线图、散点图、区域图、热图、子图、多轴、极坐标图、气泡图、玫瑰图、热力图、漏斗图等众多图形。

（四）自然语言处理

- NLTK 是一个自然语言处理的第三方库，NLP 领域中常用，可建立词袋模型（单词计数），支持词频分析（单词出现次数）、模式识别、关联分析、情感分析（词频分析＋度量指标）、可视化（Matplotlib 做分析图）等。
- pattern 是 Python 的网络挖掘模块。它是自然语言处理、机器学习以及其他方向的工具。
- textblob 为深入自然语言处理任务提供了一致的 APL，是基于 NLTK 以及 pattern 的巨人之肩发展起来的。
- jieba 是中文分词工具。
- snownlp 是中文文本处理库。

- loso 是中文分词库。
- genius 是基于条件随机域的中文分词组件。
- langid 是独立的语言识别系统。
- pypln 是用 Python 编写的分布式自然语言处理通道。

（五）机器学习

- TensorFlow 是谷歌的第二代机器学习系统，是一个使用数据流图进行数值计算的开源软件库。
- Keras 是一个高级神经网络 API，用 Python 编写，能够在 TensorFlow、CNTK 或 Theano 上运行。它旨在实现快速实验，能够以最小的延迟把想法变成结果，这是进行研究的关键。
- Caffe 是一个深度学习框架，主要用于计算机视觉，它对图像识别的分类具有很好的应用效果。
- theano 是深度学习库。它与 numpy 紧密集成，支持 GPU 计算、单元测试和自我验证，为执行深度学习中大规模神经网络算法的运算而设计，擅长处理多维数组。
- Scikit-learn 是简单且高效的数据挖掘和数据分析工具，它基于 numpy、sciPy 和 Matplotlib 构建。Scikit-learn 的基本功能主要包括 6 个部分：分类、回归、聚类、数据降维、模型选择和数据预处理。Scikit-learn 也被称为 sklearn。

（六）网站开发

- Django 是一个开放源代码的 Web 应用框架，由 Python 写成。它是 Python 生态中最流行的开源 Web 应用框架，采用模型、模板和视图的编写模式，称为 MTV 模式。
- Pyramid 是一个通用、开源的 Python Web 应用程序开发框架。它主要的目的是让 Python 开发者更简单地创建 Web 应用，相比 Django，Pyramid 是一个相对小巧、快速、灵活的开源 Python Web 框架。
- Tornado 是一种 Web 服务器软件的开源版本。Tornado 和现在的主流 Web 服务器框架（包括大多数 Python 的框架）有着明显的区别：它是非阻塞式服务器，而且速度相当快。
- Flask 是轻量级 Web 应用框架，相比 Django 和 Pyramid，它也被称为微框架。使用 Flask 开发 Web 应用十分方便，甚至几行代码即可建立一个小型网站。Flask 核心十分简单，并不直接包含数据库访问等的抽象访问层，而是通过扩展模块形式来支持。
- Angularjs 是客户端的 JavaScriptMVC 开源框架，特别为使用 MVC 架构模式的单页面 Web 应用而设计，可用于开发动态 Web 应用程序。它不是一个完整的堆栈，而是一个处理 Web 页面的前端框架，与 React、Vue 并称前端三大框架。

随堂测验

1. 库、包、模块的引用顺序为（　　）。（单选题）
   A. 官方库模块 > 第三方库模块 > 自定义库模块
   B. 第三方库模块 > 官方库模块 > 自定义库模块
   C. 官方库模块 > 自定义库模块 > 第三方库模块
   D. 官方库模块 > 第三方库模块 = 自定义库模块

2. Python 的开源库可分为（　　）。（多选题）
   A. 标准库
   B. 第三方库
   C. 自定义的包
   D. 开源的文件

3. Python 的包可以包含子包，有层级限制，需要注意避免名称的冲突。（　　）（判断题）

对

错

4. Python 具有强大的标准库、第三方库以及自定义模块，标准库是 Python 官方撰写，第三方库是个人或组织开发的，任何人都可以发布自己的开源库。（　　）（判断题）

对

错

5. os 库是 Python 的标准库之一，它提供了使用各种操作系统功能的接口，其中就包含了很多操作文件夹和文件的函数，在写一些系统脚本或者自动化运维脚本的时候，经常会用到它。（　　）（判断题）

对

错

6. 导入包时可以只导入 import 包名，但是在使用的时候，需要使用（　　）。（单选题）

A. 包名.模块名.函数名　　　　　　　　B. 模块名.包名.函数名

C. 包名.模块名.类名.函数名　　　　　D. 包名.类名.模块名.函数名

7. 导入库和导入自定义的包类似，区别是包是自己定义的，库是由开发者发布并开源的，我们可以在已经安装的情况下自由导入和使用，不受文件夹父级、子级的影响，在任何位置都可以导入开源的库和 Python 的标准库或模块。（　　）（判断题）

对

错

8. Python 六大方向常用库包括（　　）。（多选题）

A. 网络爬虫方向的 requests、lxml

B. 办公自动化方向的 smtplib、selenium

C. 数据可视化方向的 Matplotlib、Pandas、pyecharts

D. 自然语言处理方向的 jieba、NLTK

E. 网站开发方向的 Django、Flask

9. 导入包，一般是在编写一个包的模块时，需要用到其他包中模块的方法，导入的方法有（　　）。（多选题）

A. from 包名.模块名 import 函数名

B. from 包名.模块名 import 类名

C. from 包名.模块名 import 类名.函数名

D. from 模块名.类名 import 包名

10. 想要安装 Python 第三方开源的 requests 库，使用的命令是（　　）。（单选题）

A. pip install requests　　　　　　　B. pip uninstall requests

C. pip requests install　　　　　　　D. requests pip uninstall

参考答案：

1. A　2. ABC　3. 对　4. 错　5. 对　6. A　7. 对　8. ABCDE　9. ABC

10. A

CHAPTER 9

第九章 Pandas 库和 Matplotlib 库入门

> 📖 **学习目标**
>
> ○ 了解 Pandas 库。
> ○ Pandas 库常用操作。
> ○ Pandas 库的特点。
> ○ Pandas 库的读写方法。
> ○ 了解 Matplotlib 库。
> ○ Matplotlib 库常用操作。

第一节 Pandas 库入门

一、Pandas 简介

Pandas 是一个开源的 Python 库，使用其强大的数据结构提供高性能的数据处理和分析工具。Pandas 这个名字源自 "panel data"（面板数据）——来自多维数据的计量经济学。

2008 年，就职于 AQR 的量化研究员 Wes McKinney（韦斯·麦金尼）将研究和生产模型的构建以及研究过程迁移到了 Python 编程语言中，开始构建高性能、灵活的数据分析工具 Pandas。开源后，2012 年逐渐流行。

在 Pandas 之前，Python 主要用于数据管理和准备。它对数据分析的贡献很小。Pandas 解决了这个问题。Pandas 提供了方便的类表格和类 SQL 的操作，同时提供了强大的缺失值处理方法，可以方便地进行数据导入、选取、清洗、处理、合并、统计分析等操作。

Python 与 Pandas 一起使用的领域非常广泛，包括学术和商业领域，在金融学、经济学、统计学、分析学、生物学、物理学等学科也有广泛应用。

注：Pandas 官方网站：https://pandas.pydata.org/.
Pandas 中文网：https://www.pypandas.cn/.

二、Pandas 数据结构简介

Pandas 数据结构见图 9-1。

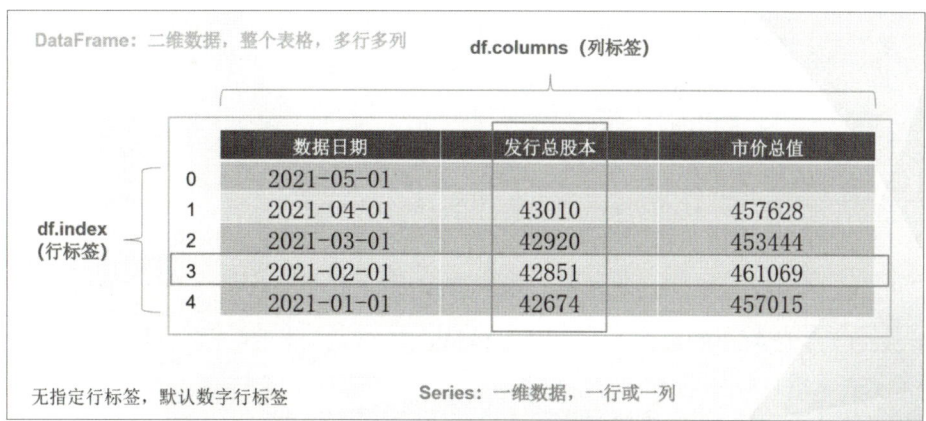

图 9-1　Pandas 数据结构

Series 和 DataFrame 是 Pandas 两个主要的数据结构。二者都遵循数据对齐的内在原则。

Series 类似一维数组的对象，与 numpy 中的一维 array 类似。二者与 Python 基本的数据结构 List 也很相近。Series 是带标签的一维数组，可存储整数、浮点数、字符串、Python 对象等类型的数据。

DataFrame 是由多种类型的列构成的二维标签数据结构，类似于 Excel 、SQL 表，或 Series 对象构成的字典。DataFrame 是最常用的 Pandas 对象，与 Series 一样，DataFrame 支持多种类型的输入数据：一维 ndarray、列表、字典、Series 字典；二维 numpy.ndarray、结构化的多维数组、Series、DataFrame。

index 和 columns 属性分别用于访问行、列标签。

三、Pandas 常用操作

- 安装和导入

若已经安装 Anaconda，则不用再安装 Pandas。如果没有安装 Anaconda，可以在命令窗口使用 pip 命令，快速安装 Pandas 库。

```
pip install pandas
```

编写代码时，需要导入 Pandas 库，才能使用它。在文件的前几行使用 import 语句导入。

```
import pandas as pd
```

其中，as pd 相当于给 Pandas 库起别名 pd，用 pd 调用更为方便。

- 读取表格文件

读取常见后缀为 .xlsx 的表格文件，可以使用 read_excel（）方法（见图 9-2）。

例：

```
import pandas as pd
df = pd.read_excel('上交所股票交易统计表.xlsx')
print(df.head())
```

```
import pandas as pd
df = pd.read_excel('上交所股票交易统计表.xlsx')
print(df.head())
       数据日期    发行总股本      市价总值     成交金额     成交量
0  2021-05-01      NaN       NaN      NaN     NaN
1  2021-04-01  43010.0  457628.0  68925.0  5705.67
2  2021-03-01  42920.0  453444.0  84279.0  7456.77
3  2021-02-01  42851.0  461069.0  65364.0  4856.11
4  2021-01-01  42674.0  457015.0  96861.0  6653.58
```

图 9-2　读取表格运行结果

pd.read_excel（）读取出的数据类型是 DataFrame。

df.head（）表示默认打印前 5 行。

文件中单元格为空，以 NaN 代替了。

左边第一列 0～4 为 index（行标签），第一行为 columns（列标签）。

- 查看数据
  ○ 查看行标签和列标签

查看行标签：print（list（df.index））。

查看列标签：print（list（df））。

将行或列标签转换为列表类型再打印出来（见图 9-3）。

```
print(list(df.index))
[0, 1, 2, 3, 4, 5, 6, 7, 8, 9, 10, 11, 12, 13, 14, 15, 16, 17, 18, 19, 20, 21, 22, 23,
24, 25, 26, 27, 28, 29, 30, 31, 32, 33, 34, 35, 36, 37, 38, 39, 40, 41, 42, 43, 44, 45,
46, 47, 48, 49, 50, 51, 52, 53, 54, 55, 56, 57, 58, 59, 60, 61, 62, 63, 64, 65, 66, 67,
68, 69, 70, 71, 72, 73, 74, 75, 76, 77, 78, 79, 80, 81, 82, 83, 84, 85, 86, 87, 88, 89,
90, 91, 92, 93, 94, 95, 96, 97, 98, 99, 100, 101, 102, 103, 104, 105, 106, 107, 108, 10
9, 110, 111, 112, 113, 114, 115, 116, 117, 118, 119, 120, 121, 122, 123, 124, 125, 126,
127, 128, 129, 130, 131, 132, 133, 134, 135, 136, 137, 138, 139, 140, 141, 142, 143, 14
4, 145, 146, 147, 148, 149, 150, 151, 152, 153, 154, 155, 156, 157, 158, 159, 160]

print(list(df))
['数据日期', '发行总股本', '市价总值', '成交金额', '成交量']
```

图 9-3　查看数据运行结果

○ 查看 DataFrame 的值

print（df.values）。

df.values 打印出值的多维数据，类型为 numpy 中的 numpy.ndarray。可以用 Python 列表的方法解析它（见图 9-4）。

```
print(df.values)
[['2021-05-01' nan nan nan nan]
 ['2021-04-01' 43010.0 457628.0 68925.0 5705.67]
 ['2021-03-01' 42920.0 453444.0 84279.0 7456.77]
 ['2021-02-01' 42851.0 461069.0 65364.0 4856.11]
 ['2021-01-01' 42674.0 457015.0 96861.0 6653.58]
 ['2020-12-01' 42601.0 455322.0 84058.0 6481.91]
 ['2020-11-01' 42306.0 441857.0 72843.0 5698.09]
 ['2020-10-01' 42214.0 416867.0 42839.0 3046.16]
```

图 9-4　查看 dataFrame 值运行结果

- 查看 DataFrame 数据的统计

print（df.describe（））。

df.describe（）可以实现数据的快速统计汇总。需要注意，数字列字母列不同（见图 9-5）。

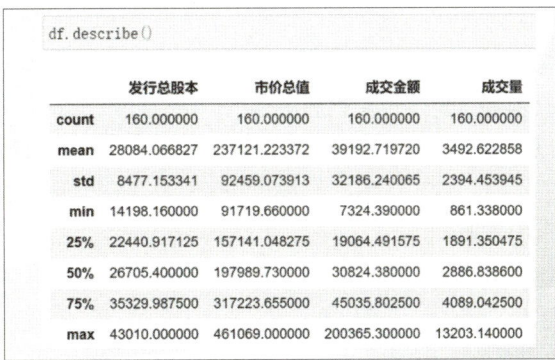

图 9-5　查看 dataFrame 数据统计运行结果

count：数量统计，此列共有多少有效值。
unipue：不同的值有多少个。
std：标准差。
min：最小值。
25%：四分之一分位数。
50%：二分之一分位数。
75%：四分之三分位数。
max：最大值。
mean：unipue。

- 选取数据
  ○ 使用 df［col］选择列

```
＃选取第1列
df［'发行总股本'］
 ＃选取第1、2列
df［［'发行总股本','市价总值'］］
```

要选取多列数据时，df［］中为 columns 名称的列表。
  ○ 使用 df.loc［］选择行

```
＃选取第2行数据，本例中1是 index（行标签）
df.loc［1］
＃选取第1行到第4行数据 0：3 行标签的名称
df.loc［0：3］
```

要选取多列数据时，df.loc［］中可写入 index 行标签。
  ○ 使用 df.loc［］选择行和列

```
＃选取第1行到第4行数据，市价总值列数据
df.loc［［0, 1, 2, 3］,［'市价总值'］］
＃或者
```

```
df.loc[0:3,['市价总值']]
#选择前7行,发行总股本和市价总值两列的内容
df.loc[:6,['发行总股本','市价总值']]
```

○ 使用 df.loc[ ] 数字索引选择行

```
#使用数字索引选择第2行
df.iloc[1]
#使用数字索引选择前两行
df.iloc[:2]
```

- 替换 NaN
  ○ 空数据 NaN 的替换

```
#将所有NaN值替换为零
df.fillna(0)
```

注意：使用 Pandas 处理数据集时，有时数据集中会有 NaN，即为空的情况。要用某个平均值或合适的值替换。

- 行和列的计算
  ○ 列的计算

```
#选取数据后,可进行计算,结果设置为新的列
df['均价']=df['成交金额']/df['市价总值']
```

注意：除数和被除数都为零，计算结果为 NaN。新计算的数据可以作为 DataFrame 的一列数据。

- 行和列的删除

```
#drop( )可以按index或columns删除标签列表
#df1为数据的副本
df1=df.drop(index=[0])
```

- 字符清洗
  ○ 将字符串中的 '-' 替换为 '/'

```
df1['数据日期']=df1['数据日期'].str.replace('-', '/')
```

replace 方法对字符串类型的数据有效，如果要对其他类型的数据生效，先要查看数据类型，必要时将其转换类型。

- 转换数据类型
  - 查看数据类型

```
# 查看列的数据类型
df.dtypes
# 查看整个 DataFrame 的信息
df.info()
```

  - 数据类型转换

```
df['数据日期'].astype('datetime64')
```
astype() 可实现类型的转换，如本例将 '数据日期' 转换为 datetime64 类型，显示的结果为 datetime64[ns]。
datetime64[ns, tz] 表示带时区的时间类型

全部类型

```
float64, int64, bool, datetime64[ns], datetime64[ns, tz], timedelta[ns], category, object
```

数字默认的数据类型是 int64，float64。

- 多表合并
  - 基于共同列合并

```
df1 = pd.read_excel('上交所股票交易统计表.xlsx', sheet_name = 'Sheet1')
df2 = pd.read_excel('上交所股票交易统计表.xlsx', sheet_name = 'Sheet2')
#pd.merge() 数据合并 on 设置为相同的列标签
df = pd.merge(df1, df2, on = '数据日期')
df.head()
```

  - 表的横向合并

```
df1 = pd.read_excel('上交所股票交易统计表.xlsx', sheet_name = 'Sheet1')
df2 = pd.read_excel('上交所股票交易统计表.xlsx', sheet_name = 'Sheet2')
# 按列进行拼接 axis = 1 表示列的变化
pd.concat([df1, df2], axis = 1)
```

  - 表的纵向合并

```
df1 = pd.read_excel('上交所股票交易统计表.xlsx', sheet_name = 'Sheet1')[0:2]
# 取前 2 行
```

```
    df2 = pd.read_excel('上交所股票交易统计表.xlsx',sheet_name = 'Sheet1')[2:5]
#取第1~5行
    df = df1.append(df2)   #两个结构一致的DataFrame纵向合并
```

- DataFrame 索引总结

DataFrame 索引见表9-1。

表 9-1　DataFrame 索引

操作	语法	举例	结果类型
按标签选择列	df[col]	df['成交金额']	Series
按标签选择行	df.loc[label]	df.loc['产品']	Series
按标签选择行和列	df.loc[label, loc]	df.loc[0:4,'成交金额']	DataFrame
整数位置选择行	df.iloc[loc]	df.iloc[2]	Series
行切片	df[start:end]	df.iloc[1:2]	DataFrame
布尔向量选择行	df[bool_vec]	df[True, False]	DataFrame

其中布尔向量选择行，多维数组中的 True 表示提取该行，False 表示不提取该行。

四、Pandas 的特点

带有标签的数据结构中，Pandas 库主要包括 Series 类型（一维）和 DataFrame 类型（二维）两种数据结构。

允许简单索引和多级索引。

轻松处理浮点数据中的丢失数据（以 NaN 表示）以及非浮点数据。

功能强大，灵活地按组功能来执行对数据集拆分、合并、转换等。

可以轻松地将其他 Python 和 numpy 数据结构中的不同索引的数据转换为 DataFrame 对象。

基于标签的切片，便于获取大型数据集的子集。

直观地合并和连接数据集。

可灵活地实现数据集的重塑和旋转。

Pandas 所有数据结构的值都是可变的，但数据结构的大小并不都是可变的，比如，Series 的长度不可改变，但 DataFrame 里就可以插入列。

Pandas 里，绝大多数方法都不改变原始的输入数据，而是复制数据，生成新的对象。一般来说，原始输入数据不变更稳妥。

五、Pandas 的读写方法

Pandas 的读写方法是 Pandas 输入输出，API 是几组函数，不同数据格式有不同的读写方法。比如 pandas.read_csv（）函数。这类函数可以返回 Pandas 对象。相应的 write 函数是 DataFrame.to_csv（）。表9-2 是一个方法列表，包含了不同数据格式的 reader 函数和 writer 函数。

表 9-2　Pandas 的读写函数

Format Type	Data Description	Reader	Writer
text	CSV	read_csv	to_csv
text	JSON	read_json	to_json
text	EXCEL	read_excel	to_excel
SQL	SQL	read_sql	to_sql

其中，csv 相较于 Excel 文件，是一个纯文本，没有过多的公式和结构，导入数据更快，易于解析。

下面针对 csv 文件，通过列举一些简单的例子，来介绍使用 Pandas 读取不同类型的文件。

案例：使用 Pandas 库的 read_csv 函数读取 csv 后缀的文件。

图 9-6（左）为后缀为 csv 的文件内容，图 9-6（右）为代码和读取的内容。

案例代码如下：

```
import pandas as pd   #令 pd 为 pandas 别名
con = pd.read_csv('01.csv', encoding = 'GBK')
print(con.head())   #head 读取文件的前 5 行
```

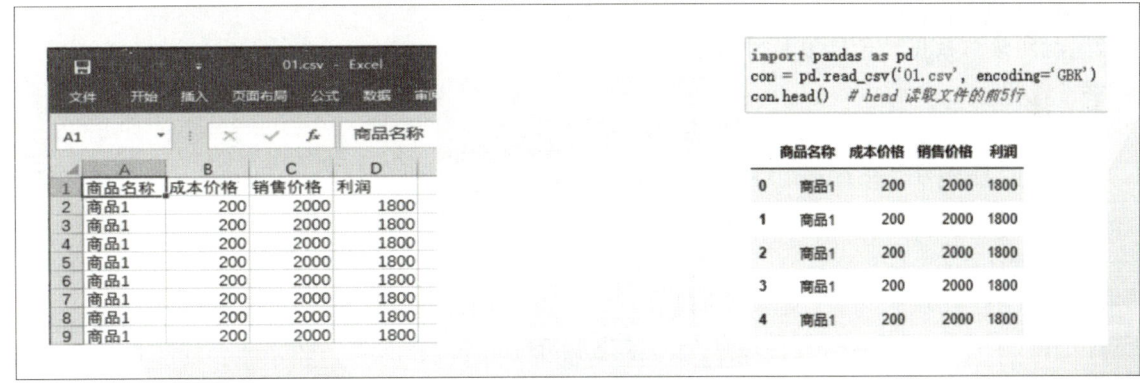

图 9-6　Pandas 读取文件运行结果

案例：使用 Pandas 库的 to_csv 函数，将数据写入 csv 后缀的文件。

图 9-7（左）为后缀为 csv 的文件内容，图 9-7（右）为代码和运行结果。

案例代码如下：

```
import pandas as pd
array = [[1, 2, 3], [4, 5, 6]]
con = pd.DataFrame(array)   #转换为 DataFrame 类型
con.to_csv('02.csv', encoding = 'GBK')
con.head()
```

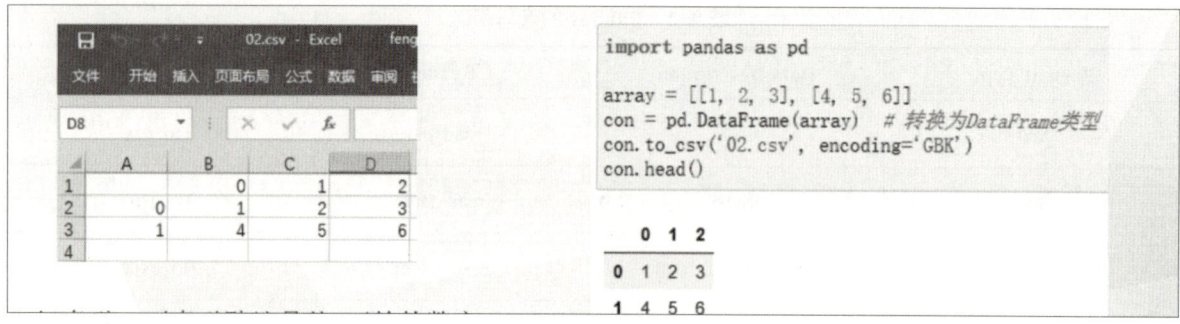

图 9-7 Pandas 读取文件运行结果

sv 行索引、列索引默认是从 0 开始的数字。

**任务实战**

任务描述

了解使用 Pandas 读取 csv 数据,以及数据的简单处理。

● **任务一:Pandas 数据读取及处理**

1. 使用 Pandas 读取表格数据,打印前 6 行

参考代码:

```
import pandas as pd
file_name = 'Pandas 库和 Matplotlib 库入门 / 超市数据简版 .csv'
df = pd.read_csv(file_name)   #csv 文件与脚本文件在同一文件夹下
df.head(6)
```

2. 打印读取数据的行标签和列标签

参考代码:

```
print(list(df.index))    # 输出行标签
print(list(df.columns))    # 输出列标签
```

3. 选取 DataFrame 类型的一列或多列

参考代码:

```
print(df['城市'])  # 选取城市列
print(df[['客户名称','城市']])  # 选取两列
```

4. 计算两列的值,并复制给新的列

```
df['成本'] = df['销售额'] - df['利润']
print(df['成本'])
```

● **任务二:Pandas 数据计算**

案例背景:某集团下有北京、河南、河北三个分公司,每天汇总各产品的销量。表 9-3 为北京分公司的销售表(三个分公司表结构相同),表 9-4 为需要统计的销售总表。如何用 Python 将三个分公司的销售表汇总为销售总表?

表 9-3　北京分公司的销售表

	A	B
1	产品	销量（台）
2	加湿器	169
3	空调	173
4	扫地机器人	158
5	汇总（台）	500

表 9-4　销售总表

	A	B	C	D	E
1	产品/公司	北京分公司	河南分公司	河北分公司	总销量（台）
2	加湿器				
3	空调				
4	扫地机器人				
5	汇总（台）				

参考代码：

```
import pandas as pd

#定义需要打开的文件名列表
name_list = ['北京分公司','河南分公司','河北分公司']
#提取一个分公司的第一列DataFrame结构，作为合并的列
df_p = pd.read_csv('Pandas库和Matplotlib库入门/北京分公司.csv')[['产品']]
for i in name_list:
    df = pd.read_csv(f'Pandas库和Matplotlib库入门/{i}.csv')
    #merge方法，表按'产品'列做连接，左边是df_p，右边是df
    df_p = pd.merge(df_p, df, on=['产品'])

#重新定义列名
df_p.columns = ['产品\公司'] + name_list
#数据列相加，并为最后一列
df_p['总销量(台)'] = df_p.iloc[:, 1:].apply(lambda x: x.sum(), axis=1)
#实现计算与写入，绝对路径，不加行索引
df_p.to_csv('Pandas库和Matplotlib库入门/销量汇总表.csv', index=False, encoding='utf-5-sig')
print(df_p)
```

第二节　Matplotlib 库入门

一、Matplotlib 简介

- 概述

Matplotlib 是一个 Python 2D 绘图库（目前使用工具包绘制 3D 图像），可以在 Python 脚本、Python shell、Jupyter Notebook、Web 应用程序服务器中使用。Matplotlib 尝试使容易的事情变得更容易，使困难的事情变得可能。几行代码就可以生成图表，如直方图、功率谱、条形图、误差图、散点图等。

- 下载

安装 Matplotlib 库在 Anaconda 资源库中，安装 Anaconda 后，不用再单独下载安装 Matplotlib。

- 使用

Matplotlib 绘图功能非常强大，可绘制多种图形，适用于各种学科和专业领域。在使用前可在官网查找适合的图形样例或模板，并查看相应代码，在其基础上进行修改，实现自己的可视化需求。

二、Matplotlib 极简入门

- 绘制一条折线统计图

```
import matplotlib.pyplot as plt
year = ['2015', '2016', '2017', '2018', '2019']
price = [498.58, 492.40, 491.53, 445.60, 449.92]
plt.plot(year, price)
plt.show()
```

代码解析：

四个点，横纵坐标分别写入 x、y 的列表中，plt.plot（x，y）设置了二维坐标图，plt.show（ ）显示图片绘制的折线统计图运行结果，如图 9-8 所示。

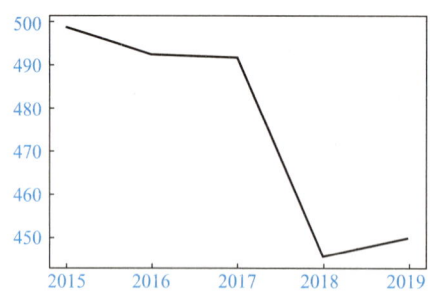

图 9-8 "绘制一条折线统计图"运行结果

- 读表绘制一条折线统计图

```
import pandas as pd
import matplotlib.pyplot as plt
# 不指定 sheet，默认读取第一个 sheet
```

```
df = pd.read_excel('产品销售收入表.xlsx')
# 取出产品列内容为产品 A 的所有行
dfA = df[df['产品'] == '产品A']
# 将日期列数据中的年去掉
year = dfA['日期'].apply(lambda x: x[:-1])
# 保留两位小数
price = dfA['单价'].round(2)
plt.plot(year, price)
plt.show()
```

使用 Pandas 库读取表格，对数据做处理后，进行可视化，运行结果如图 9-9 所示。

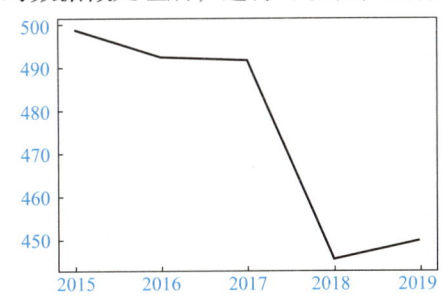

图 9-9 "读表绘制一条折线统计图"运行结果

● 读表绘制两条折线统计图

```
import pandas as pd
import matplotlib.pyplot as plt
df = pd.read_excel('产品销售收入表.xlsx')
year = df[df['产品'] == '产品A']['日期'].apply(lambda x: x[:-1])
countA = df[df['产品'] == '产品A']['数量'].round(2)
countB = df[df['产品'] == '产品B']['数量'].round(2)
plt.plot(year, countA)
plt.plot(year, countB)
plt.show()
```

使用 Pandas 读取表格，获取到需要的年份及两组销售数量数据。运行代码后，显示的结果如图 9-10 所示。

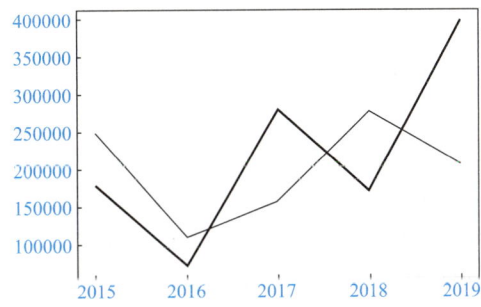

图 9-10 "读表绘制两条折线统计图"运行结果

- 读表绘制基本柱形统计图

```
import pandas as pd
import matplotlib.pyplot as plt
df = pd.read_excel('产品销售收入表.xlsx')
year = df[df['产品'] == '产品A']['日期'].apply(lambda x: x[:-1])
countA = df[df['产品'] == '产品A']['数量'].round(2)
plt.bar(year, countA)
plt.show()
```

绘制产品 A 的年份和数量柱形统计图。与折线统计图不同的是，使用 plt.bar（ ）设置柱形图。代码的运行结果如图 9-11 所示。

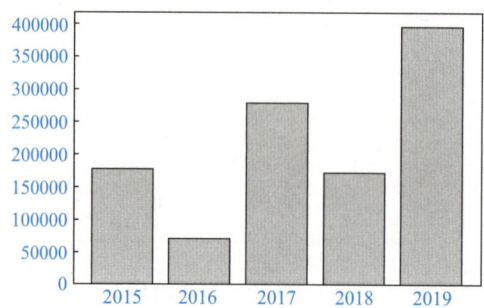

图 9-11 "读表绘制基本柱形统计图"运行结果

- 绘制双柱形统计图

```
import numpy as np
import matplotlib.pyplot as plt
year = ['2015', '2016', '2017', '2018', '2019']
countA = [176235.94, 69931.71, 279122.49, 169649.85, 396852.13]
countB = [246988.67, 107641.54, 156532.97, 276963.38, 206406.87]
x = np.arange(len(year))   # 一维数组
width = 0.35    # 一个柱图的宽度
gap = x - width / 2    # 一维数组的运算

plt.bar(gap, countA, width = width, label = 'productA')
plt.bar(gap + width, countB, width = width, label = 'productB')
plt.xticks(x, year)
plt.legend()   # 增加图例 plt.show()
```

使用 numpy 构造一维数组，方便运算。两条柱形的中心坐标与实际坐标刻度有偏差（本例为 gap），需要设计和计算出来。plt.bar（ ）中第一个参数为柱图中心坐标，width 为柱图宽度。使用 plt.xticks（ ）可以修改 x 坐标轴的刻度。运行结果如图 9-12 所示。

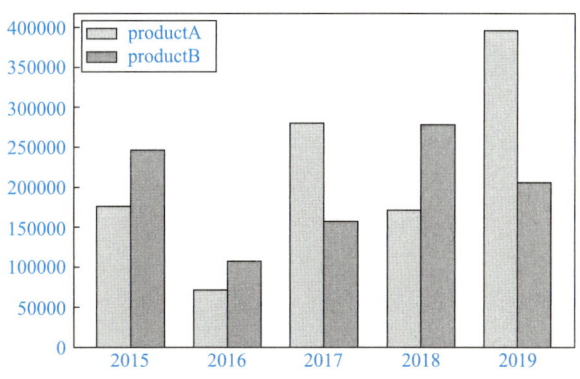

图 9-12 "绘制双柱形统计图"运行结果

● 读表绘制双向的横向柱形统计图

```
import pandas as pd
import matplotlib.pyplot as plt
df = pd.read_excel('产品销售收入表.xlsx')
year = df[df['产品'] == '产品A']['日期'].apply(lambda x: x[:-1])
countA = df[df['产品'] == '产品A']['数量'].round(2)
countB = df[df['产品'] == '产品B']['数量'].round(2)

plt.barh(year, countA, facecolor = 'skyblue')
plt.barh(year, -countB, facecolor = 'salmon')
plt.show()
```

本例中数量值不为负，这里仅举例说明绘制双向的横向柱形图，其运行结果如图 9-13 所示。

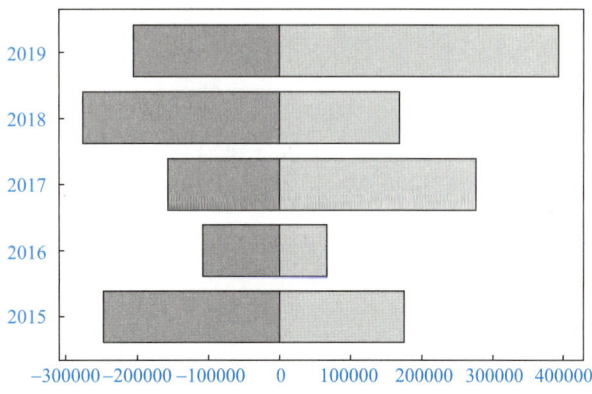

图 9-13 "读表绘制双向的横向柱形统计图"运行结果

● 读表绘制饼图

```
import pandas as pd
import matplotlib.pyplot as plt
df = pd.read_excel('产品销售收入表.xlsx')
year = df[df['产品'] == '产品A']['日期'].apply(lambda x: x[:-1])
```

```
rateA = df[df['产品'] == '产品A']['金额占比']
fig1, ax1 = plt.subplots()
ax1.pie(rateA, labels = year, autopct = '%1.2f%%', shadow = True,
startangle = 90)
ax1.axis('equal')    #相等的纵横比确保饼图绘制为圆形
plt.show()
```

代码解析：
labels：饼图标签说明；
autopct：显示百分比；
shadow：显示阴影；
startangle：设置饼图的初始摆放角度。
运行结果见图 9-14。

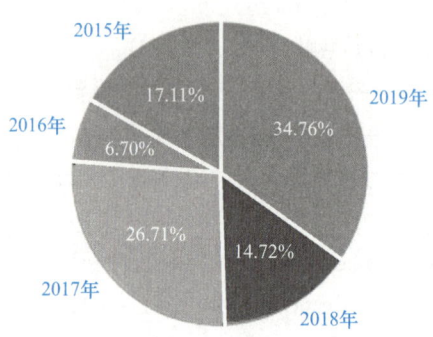

图 9-14 "读表绘制饼图"运行结果

任务实战

任务描述
1）了解 Matplotlib 绘制各类统计图。
2）了解使用 Pandas 读取 csv 表格数据，绘制各类统计图。
● **任务一：绘制折线统计图**
1. 绘制单条折线统计图
参考代码：

```python
# 导入 matplotlib 绘图库
import matplotlib.pyplot as plt
# 定义两组列表数据
year = ['2015', '2016', '2017', '2018', '2019']
price = [498.58, 492.40, 491.53, 445.60, 449.92]
# 使用 plot() 方法绘制折线统计图
plt.plot(year, price)   #year, price 分别为点的横纵坐标
plt.show()    #展示图片
```

2. 绘制两条折线统计图

参考代码：

```python
# 导入matplotlib绘图库
import matplotlib.pyplot as plt
year = ['2015', '2016', '2017', '2018', '2019']
countA = [176235.94, 69931.71, 279122.49, 169649.85, 396852.13]
countB = [246988.67, 107641.54, 156532.97, 276963.38, 206406.87]
plt.plot(year, countA)
plt.plot(year, countB)
plt.show()
```

3. 读取表格数据绘制单条折线统计图

参考代码：

```python
# 导入pandas、matplotlib库
import pandas as pd
import matplotlib.pyplot as plt
# 文件路径仅为文件名，即读取的表格文件需要与代码脚本文件在同一个文件夹下
df = pd.read_csv('Pandas库和Matplotlib库入门/产品销售收入表.csv',)  # 不指定sheet，默认读取第一个sheet
dfA = df[df['产品']=='产品A']  # 取出产品列内容为产品A的所有行
year = dfA['日期'].apply(lambda x: x[:-1])  # 将日期列数据中的年去掉
price = dfA['单价'].round(2)  # 保留两位小数
plt.plot(year, price)
plt.show()
```

●任务二：绘制柱形统计图

1. 绘制柱形统计图

参考代码：

```python
import matplotlib.pyplot as plt
year = ['2015', '2016', '2017', '2018', '2019']
countA = [176235.94, 69931.71, 279122.49, 169649.85, 396852.13]
plt.bar(year, countA)  # 使用bar方法绘制柱形统计图，year，countA代表横纵坐标
plt.show()
```

2. 读取表格绘制柱形统计图

参考代码：

```python
import pandas as pd
import matplotlib.pyplot as plt
# 文件路径仅为文件名，即读取的表格文件需要与代码脚本文件在同一个文件夹下
df = pd.read_csv('Pandas库和Matplotlib库入门/产品销售收入表.csv')
year = df[df['产品']=='产品A']['日期'].apply(lambda x: x[:-1])
countA = df[df['产品']=='产品A']['数量'].round(2)
plt.bar(year, countA)
```

```
plt.show()
```

3. 读取表格绘制双柱形统计图

参考代码：

```python
# 导入需要的numpy, matplotlib库
import numpy as np
import matplotlib.pyplot as plt
year = ['2015', '2016', '2017', '2018', '2019']
countA = [176235.94, 69931.71, 279122.49, 169649.85, 396852.13]
countB = [246988.67, 107641.54, 156532.97, 276963.38, 206406.87]
x = np.arange(len(year))
width = 0.35   # 一个柱形图的宽度
gap = x - width / 2
plt.bar(gap, countA, width = width, label = 'productA')  #gap为柱形图的中心点，label为对应柱形图的标签
plt.bar(gap + width, countB, width = width, label = 'productB')  #
plt.xticks(x, year)  #重写坐标轴标签
plt.legend()  #增加图例
plt.show()
```

4. 读取表格绘制堆积柱形统计图

参考代码：

```python
import matplotlib.pyplot as plt
year = ['2015', '2016', '2017', '2018', '2019']
countA = [176235.94, 69931.71, 279122.49, 169649.85, 396852.13]
countB = [246988.67, 107641.54, 156532.97, 276963.38, 206406.87]
plt.bar(year, countA, label = 'productA')
plt.bar(year, countB, bottom = countA, label = 'productB')   # bottom指定哪一组数据在下面
plt.legend()   #增加图例
plt.show()
```

● **任务三：绘制饼图**

读取表格绘制饼状统计图

参考代码：

```python
# 导入需要的库
import pandas as pd
import matplotlib.pyplot as plt
import matplotlib as mpl

mpl.rcParams['font.sans-serif'] = 'SimHei'   #显示正常中文标签
df = pd.read_csv('Pandas库和Matplotlib库入门/产品销售收入表.csv')
year = df[df['产品'] == '产品A']['日期']
```

```
rateA = df[df['产品'] == '产品A']['金额占比']

fig1, ax1 = plt.subplots()
ax1.pie(rateA, labels = year, autopct = '%1.2f%%', shadow = True, startangle = 90)
ax1.axis('equal')   #相等的纵横比确保饼图绘制为圆形
plt.title('2015—2019年销售金额占比饼状图')   #设置标题
plt.show()
```

随堂测验

1. DataFrame 表示的数据结构是（　　）。(单选题)
   A. 行标签
   B. 列标签
   C. 二维数据，整个表格，多行多列
   D. 一维数据，一行或一列

2. df.head()，head() 表示默认打印前（　　）条数据。(单选题)
   A. 3
   B. 5
   C. 7
   D. 9

3. 编写代码时，需要导入 Pandas 库，才能使用它。在文件的前几行使用（　　）语句导入。(单选题)
   A. import
   B. for
   C. del
   D. pip

4. 查看整个 DataFrame 信息的语法为（　　）。(单选题)
   A. df.dtypes()
   B. df.astype()
   C. df.info()
   D. df.apped()

5. plt.plot(x, y) 设置的图形是（　　）。(单选题)
   A. 二维坐标图
   B. 柱形统计图
   C. 横向统计图
   D. 饼图

6. 在各种设置图形的函数中（如：plt.bar()），设置 label 标签，使用（　　）语句可显示不同图形的图例。(单选题)
   A. plt.show()
   B. plt.legend()
   C. plt.plot()
   D. plt.title()

7. 绘图时，（　　）语句可以实现修改坐标轴的刻度。(单选题)
   A. plt.xticks()
   B. plt.show()
   C. plt.plot(x, y)
   D. plt.plot()

8. Pandas 的特点有（　　）。(多选题)
   A. 数据集的灵活的重塑和旋转
   B. 基于标签的切片，便于获取大型数据集的子集
   C. 功能强大，灵活地按组功能来执行对数据集拆分、合并、转换
   D. 允许简单索引和多级索引

9. Pandas 读写文件时,csv 相较于 Excel 文件,是一个纯文本,没有过多的公式和结构,导入数据更快,易于解析。(　　)(判断题)

对

错

10. 使用 Matplotlib 绘制双柱形统计图时,紧邻的两条柱形图的中心坐标与实际坐标刻度有偏差,需要设计和计算出来。plt.bar（ ）中需要指定某一组柱形图的中心坐标和柱图的宽度。(　　)(判断题)

对

错

参考答案:
1～7. CBACABA　8. ABCD　9. 对　10. 对

第十章 Python 应用之 CSV 数据处理

CHAPTER 10

第一节 CSV 文件数据处理

● **任务一：统计不同区域的销售量数据**

华泰办公家具有限公司是一家集设计、生产、销售为一体的大型办公家具企业。公司的客户遍布全国，营销部想统计公司 2020 年 12 月在不同区域的销售量数据。"华泰公司 2020 年 12 月销售量统计表．csv"内容如表 10-1 所示。

表 10-1 华泰公司 2020 年 12 月销售量统计表　　　　单位：个

区域	省	市	销售量
华北	北京	北京	5943
华南	广东	广州	1174
华中	河南	开封	4195
华南	广东	广州	7718
华中	湖北	武汉	4046
华北	河北	石家庄	2306
华北	山西	太原	4957
华东	上海	上海	6638
华南	广西	桂林	5298
华北	北京	北京	1787
华东	江苏	南京	668
华南	福建	厦门	2608
华北	天津	天津	5934
华东	江苏	南京	4331
华北	河北	张家口	972
华南	福建	厦门	3764
华北	山西	太原	5481

● **任务二：统计不同子类的销售量数据**

华泰办公家具有限公司是一家集设计、生产、销售为一体的大型办公家具企业，公司产品种类繁多，产品分成"类别"和"子类别"。

2021年6月营销部王笑笑拿到了当月"门市销售数据表"，如表10-2所示。现在需要把5465条记录的门市销售数据表，根据当月不同"子类别"的商品的销售数量统计出来，并保存为csv文件。

表10-2 门市销售数据表（部分）

订单日期	发货日期	邮寄方式	客户名称	细分	城市	产品ID	类别	子类别	品牌	销售额（元）	数量（PIC）	折扣	利润（元）	客户编号	品名
2021/6/25	2021/7/5	二级	曾惠	公司	杭州	10002717	办公用品	用品	Fiskars	129.696	2	0.4	-60.704	14485	剪刀
2021/6/6	2021/6/16	标准级	许安	消费者	内江	10004832	办公用品	信封	Globe Weis	125.44	2	0	42.56	10165	搭扣信封
2021/6/21	2021/7/1	标准级	许安	消费者	内江	10001505	办公用品	装订机	Cardinal	31.92	2	0.4	4.2	10165	孔加固材料
2021/6/11	2021/6/21	标准级	宋良	公司	镇江	10003746	办公用品	用品	Kleen cut	321.216	4	0.4	-27.104	17170	开信刀
2021/6/6	2021/6/16	二级	万兰	消费者	汕头	10003452	办公用品	器具	KitchenAid	1375.92	3	0	550.2	15730	搅拌机
2021/6/6	2021/6/16	标准级	俞明	消费者	景德镇	10001640	技术	设备	柯尼卡	11129.58	9	0	3783.78	18325	打印机
2021/6/6	2021/6/16	标准级	俞明	消费者	景德镇	10001029	办公用品	装订机	Ibico	479.92	2	0	172.76	18325	订书机
2021/6/15	2021/6/25	标准级	俞明	消费者	景德镇	10000578	家具	椅子	SAFCO	8659.84	4	0	2684.08	18325	扶手椅
2021/6/9	2021/6/19	标准级	俞明	消费者	景德镇	10001629	办公用品	纸张	Green Bar	588	5	0	46.9	18325	计划信息表
2021/6/21	2021/7/1	标准级	巩光	消费者	义乌	10003923	技术	配件	SanDisk	944.244	3	0.4	-314.916	13435	记忆卡
2021/6/1	2021/6/11	标准级	巩光	消费者	义乌	10003383	办公用品	收纳具	Eldon	447.72	2	0	35.56	13435	盘
2021/6/13	2021/6/23	标准级	巩光	消费者	义乌	10002448	家具	椅子	SAFCO	239.988	1	0.4	-88.032	13435	折叠椅
2021/6/17	2021/6/27	标准级	巩光	消费者	义乌	10002808	技术	配件	罗技	4851.588	7	0.4	-1617.392	13435	路由器
2021/6/17	2021/6/27	标准级	陈忠	公司	温州	10002023	办公用品	器具	Breville	7244.58	5	0.4	-3501.82	11470	冰箱

● **任务三：统计所有分公司连续三年利润表项目的汇总值**

华泰公司在全国有16家分公司，分公司每个季度都会向总公司的财务部提交利润表，现在要求统计出分公司2014—2019年营业收入、营业成本、净利润的总和，并将结果保存到新的csv文件中。

每个分公司提供的利润表有12个页签，分别为2017—2019年四个季度的数据，因为第四季度数据为全年累计数据，所以统计数据时只需要取每年第四季度的页签数据（见表10-3）。

表 10-3　安徽分公司第四季度利润表

项目	2019/12/31
一、营业收入	544006.96
减：营业成本	485699.20
税金及附加	235.65
销售费用	8957.34
管理费用	5502.20
研发费用	3749.66
财务费用	7887.89
其中：利息费用	11755.57
利息收入	5393.82
加：其他收益	45516.03
投资收益（损失以"－"号填列）	1840.34
其中：对联营企业和合营企业的投资收益	−65.91
以摊余成本计量的金融资产终止确认收益	
净敞口套期收益（损失以"－"号填列）	
公允价值变动收益（损失以"－"号填列）	−601.68
信用减值损失（损失以"－"号填列）	−1196.21
资产减值损失（损失以"－"号填列）	−139.31
资产处置收益（损失以"－"号填列）	141.90
二、营业利润（亏损以"－"号填列）	77536.08
加：营业外收入	3539.46
减：营业外支出	80.05
三、利润总额（亏损总额以"－"号填列）	80995.50
减：所得税费用	19005.73
四、净利润（净亏损以"－"号填列）	61989.77
（一）持续经营净利润（净亏损以"－"号填列）	−42984.04
（二）终止经营净利润（净亏损以"－"号填列）	
五、其他综合收益的税后净额	2107.36
（一）不能重分类进损益的其他综合收益	2107.36
1.重新计量设定受益计划变动额	
2.权益法下不能转损益的其他综合收益	
3.其他权益工具投资公允价值变动	2107.36
4.企业自身信用风险公允价值变动	
5.其他	
（二）将重分类进损益的其他综合收益	
1.权益法下可转损益的其他综合收益	
2.其他债权投资公允价值变动	
3.金融资产重分类计入其他综合收益的金额	
4.其他债权投资信用减值准备	
5.现金流量套期储备	
6.外币财务报表折算差额	
7.其他	
六、综合收益总额	64097.13
七、每股收益	
（一）基本每股收益	
（二）稀释每股收益	

任务实战

一、按区域统计销售量

根据产品需求说明,统计"华泰公司2020年12月"不同区域的销售量。利用Python实现,可以熟悉Python语法、变量、函数调用和结果输出。

参考代码:

```python
# 导入pandas:数据分析库
import pandas as pd

#1. 指定文件路径
file_name = 'Python应用之CSV数据处理/华泰公司2020年12月销售量统计表.csv'
#2. 获取华泰公司2020年12月销售量统计数据,并赋值给变量名df
df = pd.read_csv(file_name)
#3. 对华泰公司2020年12月销售量统计数据按照"区域"进行分组,并将分组的结果赋值给变量df_group
df_group = df.groupby(by='区域')
#4. 对区域分组结果df_group,统计每个区域的销售量总和
df_group_sum = df_group['销售量'].sum().reset_index()
#5 输出区域销售量
print(df_group_sum)
```

二、按类别统计销售量

根据产品需求说明,以及华泰办公家具2021年6月5465条门市销售数据,按照"子类别"分组,并统计分组后商品的销售数量。利用Python实现,可以熟悉Python语法、变量、函数调用和结果输出。

参考代码:

```python
# 导入用于数据分析的库pandas
import pandas as pd
# 1. 读取华泰办公家具有限公司2021年6月销售数据,并赋值给con
con = pd.read_csv('Python应用之CSV数据处理/华泰办公家具有限公司2021年6月销售数据表.csv')
# 2. 这里统计子类别的数量,所以获取需要处理的列,'子类别','数量(PIC)',并赋值给变量con_kind
con_kind = con[['子类别','数量(PIC)']]
# 3. 对con_kind中的"子类别"分组,求出每个子类别的数量的和,并赋值给变量count
count = con_kind.groupby('子类别').sum()
# 4. 对count中的"子类别",按照"数量"降序排序,并将结果重新赋值给变量count
count = count.sort_values(by='数量(PIC)', ascending=False)
# 5. 保存count的不同"子类别"的商品的销售数量
```

```python
count.to_csv('华泰办公家具有限公司2021年6月销售数据表_分析结果.csv', encoding='utf-5-sig')
print(count)
```

三、CSV 文件批量汇总计算

华泰公司在全国有 16 家分公司，分公司每个季度都会向总部的财务部提交利润表，现在要求统计出分公司 2014—2019 年营业收入、营业成本、净利润的总和，并将结果保存到新的 csv 文件中。

参考代码：

```python
import pandas as pd

file_list = ['Python应用之CSV数据处理/某公司利润表_云南_2017_12.csv',
             'Python应用之CSV数据处理/某公司利润表_云南_2018_12.csv',
'Python应用之CSV数据处理/某公司利润表_云南_2019_12.csv',
             'Python应用之CSV数据处理/某公司利润表_内蒙古_2017_12.csv',
'Python应用之CSV数据处理/某公司利润表_内蒙古_2018_12.csv',
             'Python应用之CSV数据处理/某公司利润表_内蒙古_2019_12.csv',
'Python应用之CSV数据处理/某公司利润表_北京_2017_12.csv',
             'Python应用之CSV数据处理/某公司利润表_北京_2018_12.csv',
'Python应用之CSV数据处理/某公司利润表_北京_2019_12.csv',
             'Python应用之CSV数据处理/某公司利润表_四川_2017_12.csv',
'Python应用之CSV数据处理/某公司利润表_四川_2018_12.csv',
             'Python应用之CSV数据处理/某公司利润表_四川_2019_12.csv',
'Python应用之CSV数据处理/某公司利润表_安徽_2017_12.csv',
             'Python应用之CSV数据处理/某公司利润表_安徽_2018_12.csv',
'Python应用之CSV数据处理/某公司利润表_安徽_2019_12.csv',
             'Python应用之CSV数据处理/某公司利润表_江苏_2017_12.csv',
'Python应用之CSV数据处理/某公司利润表_江苏_2018_12.csv',
             'Python应用之CSV数据处理/某公司利润表_江苏_2019_12.csv',
'Python应用之CSV数据处理/某公司利润表_江西_2017_12.csv',
             'Python应用之CSV数据处理/某公司利润表_江西_2018_12.csv',
'Python应用之CSV数据处理/某公司利润表_江西_2019_12.csv',
             'Python应用之CSV数据处理/某公司利润表_河北_2017_12.csv',
'Python应用之CSV数据处理/某公司利润表_河北_2018_12.csv',
             'Python应用之CSV数据处理/某公司利润表_河北_2019_12.csv',
'Python应用之CSV数据处理/某公司利润表_河南_2017_12.csv',
             'Python应用之CSV数据处理/某公司利润表_河南_2018_12.csv',
'Python应用之CSV数据处理/某公司利润表_河南_2019_12.csv',
             'Python应用之CSV数据处理/某公司利润表_浙江_2017_12.csv',
'Python应用之CSV数据处理/某公司利润表_浙江_2018_12.csv',
             'Python应用之CSV数据处理/某公司利润表_浙江_2019_12.csv',
```

```
            'Python应用之CSV数据处理/某公司利润表_海南_2017_12.csv',
            'Python应用之CSV数据处理/某公司利润表_海南_2018_12.csv',
'Python应用之CSV数据处理/某公司利润表_海南_2019_12.csv',
            'Python应用之CSV数据处理/某公司利润表_湖南_2017_12.csv',
'Python应用之CSV数据处理/某公司利润表_湖南_2018_12.csv',
            'Python应用之CSV数据处理/某公司利润表_湖南_2019_12.csv',
'Python应用之CSV数据处理/某公司利润表_贵州_2017_12.csv',
            'Python应用之CSV数据处理/某公司利润表_贵州_2018_12.csv',
'Python应用之CSV数据处理/某公司利润表_贵州_2019_12.csv',
            'Python应用之CSV数据处理/某公司利润表_辽宁_2017_12.csv',
'Python应用之CSV数据处理/某公司利润表_辽宁_2018_12.csv',
            'Python应用之CSV数据处理/某公司利润表_辽宁_2019_12.csv',
'Python应用之CSV数据处理/某公司利润表_陕西_2017_12.csv',
            'Python应用之CSV数据处理/某公司利润表_陕西_2018_12.csv',
'Python应用之CSV数据处理/某公司利润表_陕西_2019_12.csv',
            'Python应用之CSV数据处理/某公司利润表_黑龙江_2017_12.csv',
'Python应用之CSV数据处理/某公司利润表_黑龙江_2018_12.csv',
            'Python应用之CSV数据处理/某公司利润表_黑龙江_2019_12.csv']
    income_sum, operating_cost, net_profit = 0, 0, 0    #营业收入、营业成本、净利润三项指标的初始值为0
    # 循环遍历所有报表文件,利用循环语句求出所有文件的营业收入总和、营业成本总和、净利润总和
    for file_name in file_list:
        df = pd.read_csv(file_name)
        # 获取营业收入
        income = df.iloc[0, 1]
        # 获取营业成本
        cost = df.iloc[1, 1]
        # 获取净利润
        profit = df.iloc[23, 1]
        income_sum += income
        operating_cost += cost
        net_profit += profit


    # 构造新的DataFrame数据,并赋值给pd_df
    pd_df = pd.DataFrame()

    # 给pd_df添加一列'项目'内容,项目这一列的数据是'营业收入','营业成本','净利润'

    pd_df['项目'] = ['营业收入', '营业成本', '净利润']
    # 项目列有的三行内容
```

给 pd_df 添加一列 '金额（2014—2019）' 内容，'金额（2014—2019）' 这一列的数据是 ' 营业收入 ' 对应的数值，' 营业成本 ' 对应的数值，' 净利润 ' 对应的数值

pd_df['金额（2014—2019）'] = [income_sum, operating_cost, net_profit]

将 pd_df 统计的营业收入、营业成本、净利润数据保存为 csv 文件

pd_df.to_csv('Python 应用之 CSV 数据处理/集团总计.csv', encoding='utf-5-sig', index=False)
print('ok')

print(pd_df)

第二节 数据可视化

广东美迪电器销售有限公司 2020 年各月的销售收入统计如表 10-4 所示。

表 10-4 2020 年美迪电器销售收入统计表　　　　　　　　　　单位：万元

名称	1月	2月	3月	4月	5月	6月	7月	8月	9月	10月	11月	12月
小熊迷你加湿器	604	460	196	190	202	240	206	252	174	160	264	580
智能恒湿加湿器	406	298	128	134	124	145	141	138	119	117	180	387
大容量上加水加湿器	210	140	65	70	55	71	80	73	60	57	86	196

公司财务部实习生李小新在对以上数据进行了基础的数据分析后，发现只靠数据呈现销售收入的变动趋势不够直观，他想将以上数据进行数据可视化操作。为了更加熟练地应用数据可视化的基础知识，他将自己的工作任务分解为三个小任务。

● **任务一：可视化加湿器销售收入趋势**

根据产品需求文档说明，将三种加湿器 2020 年的销售收入绘制为折线图，展示其收入走势。并分别按步骤绘制四张子图，展示数据的不同特征。利用 Python 实现，可以熟悉 Python 语法、变量、函数调用。操作步骤如下：

1）设置中文字体和负数显示问题。
2）导入广东美迪电器销售有限公司销售收入数据。
3）将三种类型加湿器的销售收入绘制为三条折线图，并显示在一张图上（见图 10-1）。
4）设置子区域绘图，将区域划分为 2×2。
5）第一个子区域绘制三种类型加湿器销售收入折线图，并设置标题为"折线图"［见图 10-2(a)］。

6）第二张图：第二个子区域将小熊迷你加湿器和智能恒湿加湿器的销售收入对比绘制为双向条形图，并设置标题为"双向条形图"[见图10-2（b）]。

7）第二张图：第三个子区域将小熊迷你加湿器的销售收入绘制为直方图，并设置标题为"直方图"[见图10-2（c）]。

8）第二张图：第四个子区域查看大容量上加水加湿器和小熊迷你加湿器销售收入之间的关系，绘制为散点图，并设置标题为"散点图"[见图10-2（d）]。

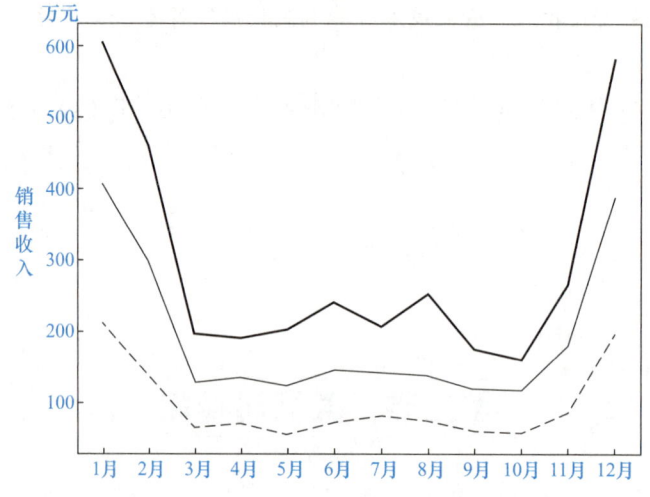

图10-1　三种加湿器2020年销售收入趋势图

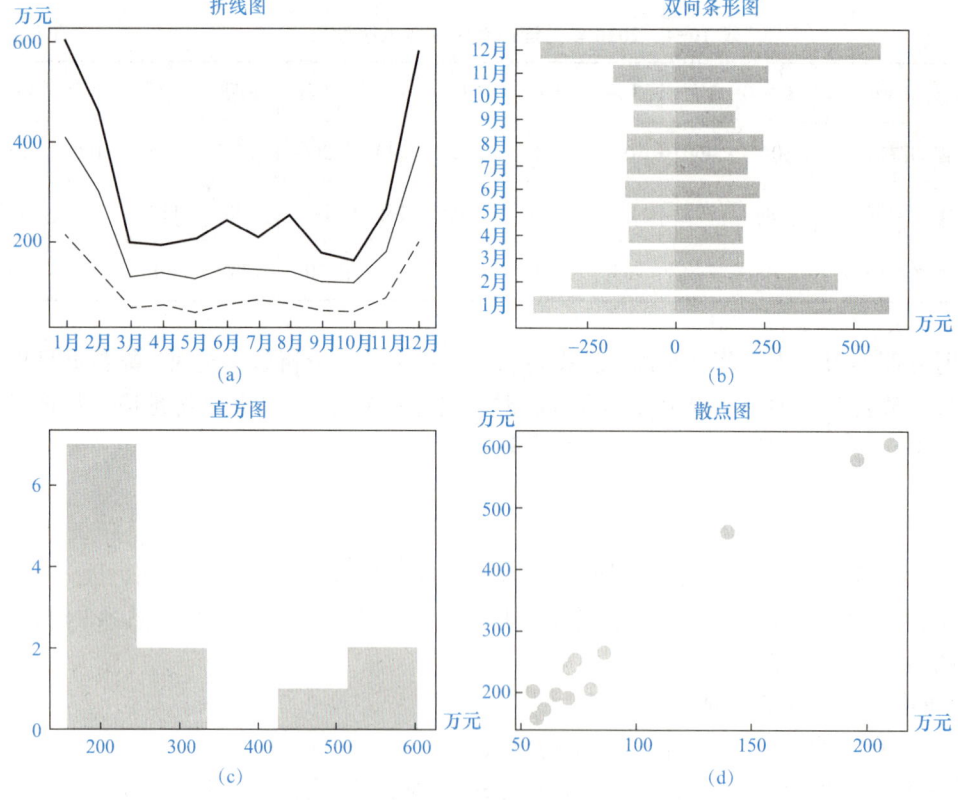

图10-2　加湿器销售收入趋势四张子图

● **任务二：可视化销售收入变动**

根据产品需求文档说明，分析2020年美迪公司旗下3种产品销售收入变动。主要是将3种产品的销售收入绘制为堆积柱形图，计算每月合计销售收入和销售增长率，并在堆积柱形图的基础上，将销售增长率加为折线图。利用Python学习，可以熟悉Python语法、变量、运算、函数调用。操作步骤如下：

1）设置中文字体和负数显示问题。
2）导入广东美迪电器销售有限公司销售收入数据。
3）将三种产品的销售收入绘制为堆积柱形图。
4）计算每月合计销售收入，并计算销售增长率。
5）在堆积柱形图的基础上，将销售增长率加为折线图。
6）设置标签和标题。

结果如图10-3所示。

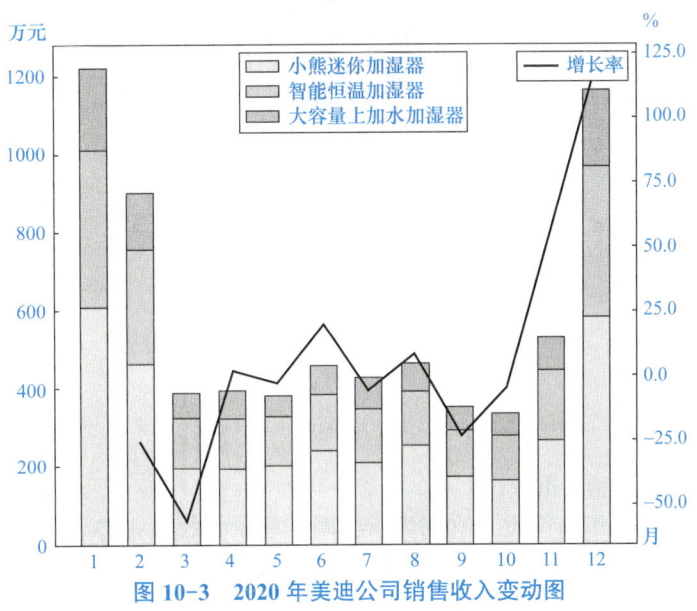

图10-3　2020年美迪公司销售收入变动图

● **任务三：可视化销售收入占比分析**

根据产品需求文档说明，将2020年美迪公司旗下3种产品销售收入按照季节进行汇总，按照结果绘制饼图（见图10-4）。并将销售收入按月份进行汇总，将结果绘制为玫瑰图（见图10-5）。利用Python学习，可以熟悉Python语法、变量、运算、函数调用。操作步骤如下：

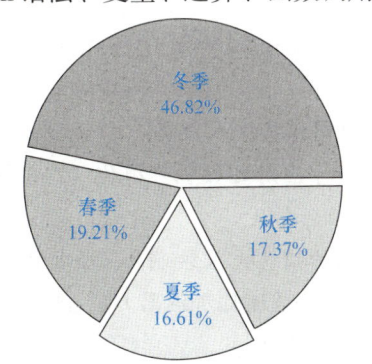

图10-4　美迪公司各季节销售收入饼图

1）设置中文字体和负数显示问题。
2）导入广东美迪电器销售有限公司销售收入数据。
3）计算每月合计销售收入，并将销售收入数据按季节进行汇总。

4）绘制饼状图，展示季节销售收入数据。

5）将每月合计销售收入进行排序。

6）设置极坐标轴。

7）将 12 个月的销售收入绘制为玫瑰图。

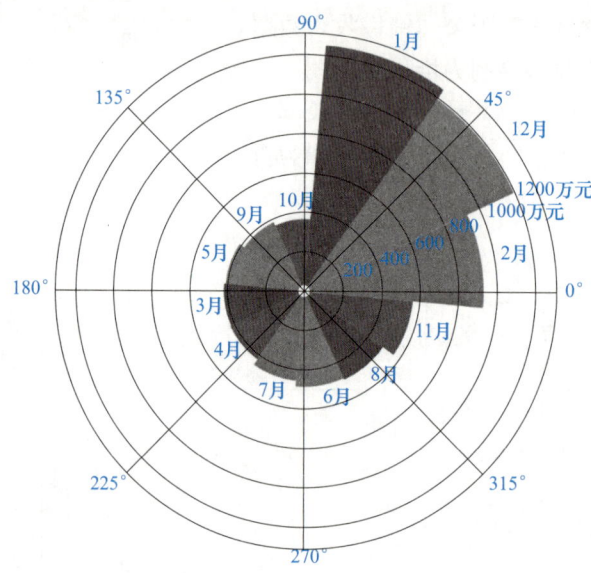

图 10-5　美迪公司 12 个月的销售收入玫瑰图

任务实战

● 任务一：销售趋势分析（折线图）

1）将三种加湿器 2020 年销售收入绘制为折线图，展示其收入走势。

2）创建一张画布，绘制四个子图，分别为折线图、双向条形图、直方图和散点图。

参考代码：

```
# 导入 Python 库
import pandas as pd
import matplotlib.pyplot as plt
#1. 设置中文字体和负数显示问题
plt.rcParams['font.sans-serif']=['SimHei']  # 设置中文字体为黑体
plt.rcParams['axes.unicode_minus']=False    # 设置负数显示问题
#2. 导入广东美迪电器销售有限公司销售收入数据
df=pd.read_csv('Python 应用之数据可视化 / 广东美迪电器销售有限公司 2020 年销售收入 .csv')
#3. 第一张图：将三种类型加湿器的销售收入绘制为三条折线图，并显示在一张图上
plt.plot(df['月份'], df['小熊迷你加湿器'], df['月份'], df['智能恒湿加湿器'], df['月份'], df['大容量上加水加湿器'])
plt.xlabel('月份')
plt.ylabel('销售收入')
plt.show()
#4. 第二张图：设置子区域绘图，将区域划分为 2×2
```

```
plt.clf()
fig = plt.figure()
ax = fig.subplots(2, 2)
#5.第二张图：第一个子区域绘制三种类型加湿器销售收入折线图，并设置标题为"折线图"
ax[0, 0].plot(df['月份'], df['小熊迷你加湿器'], df['月份'], df['智能恒湿加湿器'], df['月份'], df['大容量上加水加湿器'])
ax[0, 0].set_title('折线图')
#6.第二张图：第二个子区域将小熊迷你加湿器和智能恒湿加湿器的销售收入对比绘制为双向条形图，并设置标题为"双向条形图"
ax[0, 1].barh(df['月份'], df['小熊迷你加湿器'], facecolor='skyblue')
ax[0, 1].barh(df['月份'], -df['智能恒湿加湿器'], facecolor='salmon')
ax[0, 1].set_title('双向条形图')
#7.第二张图：第三个子区域将小熊迷你加湿器的销售收入绘制为直方图，并设置标题为"直方图"
ax[1, 0].hist(df['小熊迷你加湿器'], 5, facecolor='lightsalmon')
ax[1, 0].set_title('直方图', y=-0.3)
#8.第二张图：第四个子区域查看大容量上加水加湿器和小熊迷你加湿器销售收入之间的关系，绘制为散点图，并设置标题为"散点图"
ax[1, 1].scatter(df['大容量上加水加湿器'], df['小熊迷你加湿器'], c='midnightblue', alpha=0.5)
ax[1, 1].set_title('散点图', y=-0.3)
plt.show()
```

● **任务二：销售变动分析（双轴图）**

根据产品需求文档说明，分析 2020 年美迪公司旗下 3 种产品销售收入变动。主要是：
1）将三种产品的销售收入绘制为堆积柱形图。
2）计算每月合计销售收入，并计算销售增长率。
3）在堆积柱形图的基础上，将销售增长率添加为折线图。

参考代码：

```
# 导入 Python 库
import pandas as pd
import matplotlib.pyplot as plt
import matplotlib.ticker as ticker


#1.设置中文字体和负数显示问题
plt.rcParams['font.sans-serif'] = ['SimHei']  # 设置中文字体为黑体
plt.rcParams['axes.unicode_minus'] = False    # 设置负数显示问题


#2.导入广东美迪电器销售有限公司销售收入数据
df = pd.read_csv('Python 应用之数据可视化/广东美迪电器销售有限公司2020年销售收入.csv')
```

#3.将三种产品的销售收入绘制为堆积柱形图
```python
fig, ax = plt.subplots()
width = 0.6
x1 = ax.bar(df['月份'], df['小熊迷你加湿器'], width, color='#5BC2E7', label='小熊迷你加湿器')
x2 = ax.bar(df['月份'], df['智能恒湿加湿器'], width, bottom=df['小熊迷你加湿器'], color='#51629E', label='智能恒湿加湿器')
x3 = ax.bar(df['月份'], df['大容量上加水加湿器'], width, bottom=df['智能恒湿加湿器']+df['小熊迷你加湿器'], color='#6980C5', label='大容量上加水加湿器')
```

#4.计算每月合计销售收入,并计算销售增长率
```python
(df['该月合计']) = df.apply(lambda row: row['小熊迷你加湿器'] + row['智能恒湿加湿器'] + row['大容量上加水加湿器'], axis=1)
df['销售增长率'] = df['该月合计'].pct_change(periods=1)
print(df)
```

#5.在堆积柱形图的基础上,将销售增长率添加为折线图
```python
ax2 = ax.twinx()  # 设置双轴
ax2.yaxis.set_major_formatter(ticker.PercentFormatter(xmax=1, decimals=1))  # 设置轴坐标为百分比显示
ax2.plot(df['月份'], df['销售增长率'], label=u'增长率')
```

#6.设置标签和标题
```python
ax.legend(loc='upper center')
ax2.legend(loc='upper right')
ax.set_ylabel('销售收入(单位:万元)')
ax2.set_ylabel('销售增长率')
ax.set_title('2020年美迪公司销售收入变动')
plt.show()
```

- **任务三:销售收入占比(饼图)**

根据产品需求文档说明,将2020年美迪公司旗下3种产品销售收入按照季节进行汇总,按照结果绘制饼图。并将销售收入按月份进行汇总,将结果绘制为玫瑰图。

参考代码:
```python
# 导入Python库
import numpy as np
import pandas as pd
import matplotlib.pyplot as plt

#1.设置中文字体和负数显示问题
plt.rcParams['font.sans-serif'] = ['SimHei']  # 设置中文字体为黑体
plt.rcParams['axes.unicode_minus'] = False    # 设置负数显示问题
```

参考文献

［1］嵩天，黄天羽，礼欣.Python语言程序设计基础（第2版）［M］.北京：高等教育出版社，2017.

［2］沈涵飞.Excel和Python对比学习在Python数据分析课程中的运用［J］.信息与电脑，2020，32（22）：249-251.

［3］闫红.大数据时代会计人才培养及教学改革研究［J］.知识经济，2021，580（16）：116-117.

［4］赵景媛，卢洁.大数据背景下高校会计教育改革的理论与实践——评《财务大数据基础》［J］.中国科技论文，2022，17（4）：1.

［5］谢舒婷.Python大数据分析在财务教学中的应用［J］.中文科技期刊数据库（全文版）教育科学，2023（1）：3.

［6］兰一杰.Python大数据分析从入门到精通［M］.北京：北京大学出版社，2020.

```python
#2.导入广东美迪电器销售有限公司销售收入数据
df = pd.read_csv('Python应用之数据可视化/广东美迪电器销售有限公司2020年销售收入.csv')

#3.第一张图：计算每月合计销售收入，并将销售收入数据按季节进行汇总
df['该月合计'] = df.apply(lambda row: row['小熊迷你加湿器'] + row['智能恒湿加湿器'] + row['大容量上加水加湿器'], axis=1)
df['季节'] = ['冬季','冬季','春季','春季','春季','夏季','夏季','夏季','秋季','秋季','秋季','冬季']
sizes = df['该月合计'].groupby(df['季节']).sum()

#4.第一张图：绘制饼状图，展示季节销售收入数据
labels = ['冬季','春季','夏季','秋季']
explode = (0.05, 0, 0.2, 0)
fig = plt.figure()
ax = fig.add_subplot()
ax.pie(sizes, explode=explode, labels=labels, colors=['#FF8DA3','#FFD7CF','#FFF8EC','#FFC66E'], autopct='%1.2f%%')
ax.set_title('广东美迪销售有限公司各季节销售收入汇总')

#5.第二张图：将每月合计销售收入进行排序
amount = pd.Series(df['该月合计'].values, index=df['月份'])
amount = amount.sort_values()
data = list(amount.index)
print(amount, data)

#6.第二张图：设置极坐标轴
plt.figure(figsize=(15, 15))
plt.subplot(111, projection='polar')

#7.第二张图：将12个月的销售收入绘制为玫瑰图
N = 12
theta = np.linspace(0+(100/180)*np.pi, 2*np.pi+(100/180)*np.pi, N, endpoint=False)
width = 2*np.pi/N
plt.bar(theta, amount, width=width, bottom=30, color=np.random.random((len(sizes), 3)))
for a, b, c in zip(theta, amount, data):
    plt.text(a, b+100, str(c), fontsize=15, weight='bold')
plt.title('广东美迪电器销售有限公司月份销售收入排序')
plt.show()
```